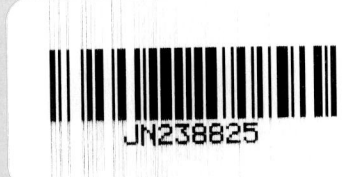

できる大人の

モノの言い方・話し方

杉山美奈子
Minako Sugiyama

高橋書店

はじめに

ダメな言い回しを気のきいた言い回しに変える85項目

「お礼を言いたい。でも“ありがとうございます”以外の表現を知らない」

「無理だとわかっていても、お願いしなくてはならない」

「相手にやんわり催促したい」

私たちには毎日、こんな場面が訪れますが、持っている語彙力で、なんとか乗り切ることはできます。

でも、もっとたくさんの言い方を知っていれば、より知的に見えるのに……。気持ちが伝わるのに……。そう感じることはありませんか？

本書はそんなあなたを助けます。

大人の言い回しは誰かが教えてくれるものではなく、自ら学ばなければ身に付きません。この点は英会話とよく似ています。“言い回しや単語の数”を増やして英会話力が上がるように、大人の言い方・話し方も言い回しや語彙を増やすことから始まります。

言い方や話し方に自信がつくと、仕事力が格段にアップします。

なぜなら、仕事は一人では完結せず、必ず相手に何かを伝えながら進めるものだからです。あなたの意向や思いをスマートに伝えられれば、仕事はやりやすくなります。

また、「言いにくい」「言うのには気が重い」といった場面でも本書は役立ちます。あなたが使いたくなるフレーズがきっと見つかるからです。本書には、“使い勝手のいい言い回し”を集めました。言いにくいことを自信を持って伝えられれば、相手と積極的に関われます。

さらに、ふだん何気なく使っている言葉が実は相手を不快にさせている、ということも、本書を開けば一目瞭然です。その理由もしっかり解説してあります。

本書をデスクの引き出しに入れ、毎日活用してください。場面ごとにまとめてあるので、「午後から打ち合わせがあるから、この言葉！」というように活用できます。

“できる人”のモノの言い方・話し方を知って、周りの人と積極的に関わりましょう。あなたのことを相手は理解し、人間関係がよくなるはずです。

杉山美奈子

CONTENTS

第2章　ネガティブシーンにはこのコトバ

第3章　ビジネスメールにはこのコトバ

編 集 協 力：円谷直子
本文デザイン：萩原弦一郎（デジカル）
本 文 DTP：タケナカ・ユウキ

第1章

ポジティブシーンにはこのコトバ

01
初対面のあいさつ

×すみません。

初対面の人に「すみません」と話しかける人がいるが、それでは「なんの用事だろう……」と相手を不安がらせてしまう。目を見て「突然、ごめんなさい」と言いたい。

×どうも……。

これではカジュアルすぎる。同世代の仲間とならOKでも、大人としてはNG。ていねいさに欠ける。

○お会いできるのを楽しみにしていました。

相手に好印象を与えられるだけでなく、口にした自分自身も楽しい気分になれるフレーズ。

○はじめまして。××と申します。

初対面の人には自分から名乗ってあいさつすると、信頼を得られる。「××と申します」は「××です」でもいいが、「申します」でキチンと感をアピールしよう。

○××です。よろしくお願いいたします。

相手に先にあいさつされたら、まずは「恐れ入ります」や「ごあいさつが遅れましたが」と言えばOK。

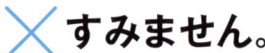

◯～してもいいですか？

知らない相手に話しかけるときは、「お隣、空いていますか？」「席を倒してもいいですか？」と、話しかける理由を伝えるようにしよう。

◯はじめてお目にかかります。

年上の人や取引先などへのはじめてのあいさつに使う。謙虚さが伝わるフレーズ。

◯よろしくご指導ください。

「はじめまして。××と申します。よろしくご指導ください」のように使う。

あいさつは笑顔とハキハキした口調で

誰にでも自分からあいさつしましょう。すると相手に心を開いているのが伝わり、印象がよくなります。とはいえ、相手が先にあいさつしてくる場合もあります。そのときは、①ほほえんで、②ハキハキした口調で、という２点を意識しましょう。

要するに、笑顔であいさつすれば明るい声になり、ハキハキした口調で話せば、相手にさわやかで社交的な印象を与えられます。

初対面で好かれるのは、親しみやすさ。笑顔のあいさつで、親しみやすさを演出しましょう。

久しぶりに会う人とのあいさつ

02

×　お噂はかねがね……。

言われた側が「どんな噂？」と気になる。もし言うのなら「××さんのご活躍を△△さんから聞いています」と噂の中身まで伝えよう。

△　お元気でしたか？

久しぶりに会った目上の人には、第一声で「お元気でしたか？」「どうしていましたか？」と質問から入るあいさつは避けたい。あいさつが目的なのに、質問が目的のようになってしまうため、「お元気そうですね」と切り出そう。

○　久しぶりにお会いできて、うれしいです。

久しぶりに会った人には、時間的な距離を埋めるために、「うれしい」という言葉を添えてあいさつしてもよい。

○　この前、お話ししていた○○、どうでしたか？

「こんにちは」「お久しぶりです」のあとに、前回会ったときの話題を添えると、親しみが伝わる。
相手は「自分の話したことを覚えていてくれた」とよろこんでくれ、その後の会話がはずむ。

◯ すっかりご無沙汰していますが。

久しぶりの対面で緊張しているとき、口にしやすいあいさつ。

◯ ○○さんはお変わりありませんか？私は相変わらずです。

まず、相手の近況を聞いて、自分のことはそのあとで伝えよう。

◯ お元気そうで何よりです。

相手が変わりなく元気な様子のときに使う。笑顔で言えば、好意が伝わる。

◯ しばらくぶりでございます。

久しぶりに会う人への改まったあいさつに使う。

相手の名前を添えるだけで心の距離が縮まる

「○○さん、お久しぶりです」「お会いできて、うれしいです」。どちらも笑顔で言うと、再会をよろこんでいると伝わり、好印象になります。

「○○さん」と相手の名前を添えると、「会いたかった感」「あなたのことを覚えています感」をアピールできます。

さらに「ご活躍のご様子ですね」「ますますお忙しいようですね」「今日もイキイキしていますね」と、相手がよろこびそうな言葉をつけ加えれば、会わなかった月日が一気に埋まります。

よく会う人とのあいさつ

03

仕事関係

× このあいだ、お会いしたばかりですよね。

第一声で、これだと相手のテンションが下がる。たとえ会ったばかりでも、「お疲れさまです」と笑顔で言おう。

近所で

△ 今日はお荷物が多いですね。

気づかったつもりでも、相手の側からすると「観察されている？」と感じる。とくに近所の人とのあいさつは相手との距離感を大切に。

○ 今日もよろしくお願いします。

ひんぱんに会う相手にこそ、言えるあいさつ。相手と目を合わせて言うと、たがいの親近感が増す。

○ ○○さん、お疲れさまです。

相手の名前を添えると、心の距離が縮まる。ほかの人とは違う特別な人だという感じを与えることができる。

○ 雨の中、お疲れさまです。

相手の心に近づくために、相手の立場を思いやったあいさつを。思いやりが相手に伝わる。

○ この前は、いかがでしたか？

前回出た話題にふれることで、たがいの親近感がわく。

◯ おはようございます。さわやかな天気ですね。

よく会う相手へのあいさつには、よい気分を伝えるのもいい。あいさつに添えると効果的なのが天候に関すること。「さわやかな天気」「気持ちのいい朝」など、おたがいが気分のよくなる言葉を添えよう。

◯ こんなところで失礼します。

トイレなどで偶然顔を合わせるのは、おたがいバツが悪いもの。そんなときは、このあいさつで切り抜けよう。

連続性を持たせたあいさつで親近感アップ

　前回会ったときのことにふれながら、「先日はお疲れさまでした」「前回の打ち合わせのあとの会議、間に合いましたか？」「先日はごちそうさまでした」などとあいさつしてみましょう。こんなふうに、前回からの連続性を持ったあいさつをすれば「会わない間も気にかけてくれていた」と、相手はあなたに親近感を抱きます。

　また、「先日はわかりやすい資料をありがとうございました」と、何かをしてもらったことへのお礼であいさつすれば、相手の気分がほぐれます。

自己紹介

04

✕ 杉山です。

名乗るときに苗字だけだと、相手を軽く見ているようで失礼。必ずフルネームで名乗ろう。

✕ このたび総務部に配属になりました○○と申します。学生時代は軽音楽部でトランペットを担当していました。そのとき副部長を務めたのですが……。

職場の自己紹介は自分を名乗るだけで十分。長すぎる自己紹介は、マイナスになる。「このたび総務部に配属になりました○○と申します。よろしくご指導ください」でOK。

○ こんにちは。はじめまして。す・ぎ・や・ま・み・な・こ・です。

自己紹介の主役は名前。だから名前を１音ずつ、ていねいにゆっくり言うと、相手に名前を覚えてもらえる。

○ タレントの○○さんと同じ名前です。

何かと関連づけて話すと、覚えてもらいやすい。たとえば、芸能人や作家の名前など。ただし、あまり個性的な人の名前を出すと、その人と同じイメージがついてしまうので要注意。

○ さきほど、○○さんがおっしゃっていましたが、私も……。

「さきほど、○○さんがおっしゃっていましたが、実は私の趣味もサッカー観戦です……」というように、その場にいる人を登場させると、みんなの関心をひけるし、場がなごむ。

○ 陽実は、太陽の“陽”に果物の“実”で“みなみ”です。

名前の漢字を説明するときは、ちょっとひと工夫すると、相手の印象に残る。

内容よりも話し方でアピールを

自己紹介ではインパクトのある話を語りがちです。たとえば、「旅先でヘビを首に巻きつけてから、ヘビ好きになりました」という自己紹介。印象には残りますが、「ヘビの○○さん」とあだ名をつけられる危険も。

自己紹介で覚えてもらいたいのは、あくまでも名前。話す内容にこだわりすぎず、話し方でアピールを。コツは「はじめまして」のあと２秒数えて、「○○（苗字）」、また２秒数えて「○○（名前）です。よろしくお願いいたします」。このように間をとって自己紹介すれば、好印象になります。

天気・季節・ニュース 05

×今日は寒くていやですね。

「苦手」「嫌い」「いやだ」はネガティブな印象を与える言葉。会話のきっかけにはポジティブな言葉を使おう。「今日は寒いので、会社に着いたらあたたかくてホッとしました」。そんな会話なら周囲の人も笑顔になる。

×△△政権の政策の中で……。

人によって関心の深さが違う話題を会話のきっかけにするのは避けよう。話が広がらないし、相手と好みが違ったりすると気まずくもなる。

「野球といえば△△のチームですね」のようにスポーツの話題も同様。

○あたたかくなりましたね。花粉症は大丈夫ですか？

気候ネタは会話のきっかけになりやすい。相手から「あたたかくなりました」と言われたら、「ほんと、もうすぐ桜も開花しそうですね」と、相手の言葉に実感のこもった言葉を添えて返そう。

○今年のイチゴはおいしいですね。

食べ物の旬の話題を取り入れてみよう。旬の話題はテレビや店頭などで目にする機会が多いので、話しやすい。

◯夏休みのご予定は？

休みの予定は誰とでも気軽に話せるネタ。「ゴールデンウィークはどこかへお出かけになりましたか？」「週末はゆっくりお過ごしになれましたか？」など、直近の休みのネタをフレーズに取り入れよう。

◯今、話題の○○○を使ってみたんですけど……。

流行の話題なら、初対面の人とでも顔見知りの人とでもOK。相手を選ばず楽しめる話題。「先週、今、話題の○○に行ってきたんですけれど、○時頃に行くと、あまり並ばずに入ることができます」のように、役立つ情報を提供するのもよい。

会話のきっかけに困ったら天気・季節の話題を

会話に困ったら“いつでも誰とでも天気・季節の話題”と覚えておきましょう。年代の違いがあっても、初対面でも、たまたま新幹線で隣に座った人とでも、話せる話題。「今日はあたたかいですね」。これだけでも十分に相手と話すきっかけになります。

また、逆に相手が天気や季節の話題をふってきたら、サービス精神を発揮し、「こういう日は、どこかに出かけたくなりますね」と、話を広げてみましょう。天気・季節の話題は、「あなたと話したいです」の合図です。

会話の導入 06

出勤途中で

×今日は○○社の会議がありますね。

外で社内の人に会ったときは話題に気をつける。外部の人がいる場所で、業務内容や社内の人の名前を出すのは禁物。

×今週は長いですね。

相手の気が滅入るような話題で会話に入るのはＮＧ。このあと、ネガティブな会話になりがち。

○最近、こんなことがあったんです。

「最近、こんなことにハマッています」や「昨日のことですが」など、とりあえずの近況は、会話のよいきっかけになる。

○その○○、似合ってますね！

会った瞬間に感じたことを、言葉にしよう。相手は自分の変化に気付いてくれたんだ、と悪い気がしない。「新しいヘアスタイル、似合ってますね！」のように使う。

○この○○、ちょっと変わっているんです。

会話の導入が見つけにくそうな相手と会うときは、奥の手としてちょっと変わった小物を持っていったり、いつもと違う印象の服を選んでみよう。それをうまく話題にすれば、会話のきっかけになる。

◯ 今、公開中の〇〇の映画、ご覧になりましたか？

会話をしていておたがいが楽しめる話題は、遊びに関することか、相手に関すること。まずはグルメ、旅、映画、本、流行など、遊びに関することから相手の興味をさがそう。

取引先で ◯ 御社の〇〇〇、新しくなりましたね。

取引先のポジティブなことを話題にすれば、打ち解けられる。しかも会話もはずみ、相手の信頼を得られる。

◯ 今日はどちらからいらっしゃったんですか？

初対面の相手にも、顔見知りにも使えるフレーズ。詮索しているようにならないよう、笑顔でさらっと切り出したい。

場面によって覚えておきたいキメ台詞《ぜりふ》

雑談中、そろそろ本題に入ろうと思ったら、「ところで」「早速ですが」というフレーズを使ってみましょう。これらは、大人ならではの「本題に入りましょう」のサイン。会話の流れを自然に変えたいときは、「そういえば」「実は」のフレーズも効果的です。

会議などでは「今日、みなさんに集まっていただいたのは……」というキメ台詞で切り出してみましょう。参加者と目を合わせながら言うと、参加者の注意をひくことができて、さらに効果的です。

会話をはずませる

07

× 何か、おもしろいことはありましたか？

このように唐突にたずねても、相手を追いつめるだけ。「何かおもしろいことは？」と催促されても、誰もが話せるわけではない。

○ ○○コンビニの新製品、おいしいですよね。

雑談は肩に力の入らない軽い話題を心がける。会社の上司や同僚とのランチタイムなら、食べ物の話題がぴったり。

○ 今朝の○○のニュース、その後、どうなったでしょうね。

タイムリーな話題もおすすめ。

○ 沈黙になってしまいましたね。

相手もきっとホッとする、気のきいたひと言。ほほえみながら言いたい。

○ この手帳のデザイン、いいですね。

パッと目についたことを話題にすると盛り上がる。目の前で起きていることを15秒くらい観察し、深く考えずに言ってみよう。

○ 最近、ゴルフに行かれましたか？

相手から過去に聞いたことのある話題をもとにした質問は、人間関係をよくする。自分の興味ある話題より、相手の興味ある話題を意識すれば、誰とでも会話がはずむ。

○ さきほど、温泉が好きとおっしゃいましたが……。

会話がはずむ究極のワザは、相手が、今日出した話題について質問すること。それは、相手がその日に一番話したいことだから。たとえば「さきほど小豆島に行かれたとおっしゃいましたが、どんな旅行だったんですか？」のように質問して、「わあ！」「いいですねー」と興味深く聞けば、会話がはずむ。

会話をはずませるには
相手の話題に食いついて

会話をはずませるためには、意識的にリアクションをとってみましょう。相手の言葉に、「わあ！　そうなんですか！」と興味を示してリアクションをすれば、相手は乗って話してくれます。

また、相手が「サッカーを見るのが好き」と話し出したら、そこから話題をそらさないこと。相手が自ら出した話題なら、相手も気楽に話せます。「サッカーがお好きなんですね。どのチームのファンですか？」と相手の話に食いついていけば、必ず話がはずみます。

雑談を続ける

08

× ほかに何かありませんか？

ビジネスで次の話題を引き出すときに使う言葉。雑談のときに言うと、打ち解けられていない、ということを相手に感じさせてしまう。

× でも、だけど……。

相手が出した話題に「でも」「だけど」で返しすぎると、反論しているような印象を与え、とうてい雑談は続かない。これが口ぐせになっている人は要注意。

△ うそー！　信じられない！

ジェスチャーつきで盛り上げるのは、相手のタイプによってはうるさがられることも。相手を選んで使いたい。

△ それはよかったですね。

相手の話をまとめてしまっては、そのあとの会話が広がらない。コメントして終わるより、「それはよかったですね。そのあと、どうなりましたか？」と相手にインタビューしてみよう。

○ さっきの話ですが……。

話題が途切れたら、話を戻す。会話上手な人の鉄板ルール。

◯ そうですよね！ それからどうなるのですか？

共感のあいづちを使って、相手への興味、関心を示す。

◯ ○○さんのお話を うかがっていたら……。

「○○さんの山登りのお話をうかがっていたら、私もいつか山に登ってみたくなりました。初心者には、どんな山がおすすめでしょうか？」のように、相手の話を広げる。

◯ いいですね！／わかります！

この二つの感想を心をこめて言うだけで、相手が話を続けやすくなる。

雑談は相手の話題から それないことが鉄則

雑談は相手と打ち解けるために必要で、大事な会話。「今日はいい天気ですね」と話しかけられたら、「いい天気」というところから話題をそらさないよう気をつけます。「ほんと、こんないい天気は久しぶりですよね」「いい天気だと、気分がいいですね」などと答えます。

雑談を続けるヒントは、いつも相手の言葉の中にあります。相手の話題からそれない、それだけでOKです。

雑談が苦手な人は、野球のキャッチボールをイメージしてください。相手がとりやすいようにボールを投げ合うという動作が、雑談を続けるイメージと重なります。

また会うときのあいさつ 09

✕ お元気で。さようなら。

もう会う気がない……という微妙な意思が伝わってしまう。今後も付き合っていきたい人には避けたいが、もう会う気がない人には、役立つフレーズ。

◯ 今日からよろしくお願いします。

“今日で完結させる”のではなく、“スタートさせる”ということを強調するために、語尾は過去形でなく進行形に。

◯ おいしかったです。ごちそうさまでした。

ごちそうになったときは、「デザートがおいしかったです」など、具体的に伝えると、好感度アップ。「次回は私がお店を予約します」も、次につながる積極的なあいさつ。

◯ 次回も楽しみです。

「今日が楽しかった」と伝わるうえに、再会を心待ちにする思いも伝わり、一石二鳥。

◯ メールします！

こう宣言しておけば、メールするかどうかはあなた自身にかかってくる。受け身ではなく、相手との関係作りで、リーダーシップをとろう。

○ どうぞお気をつけて。

また会うときはもちろん、しばらく会わないときも使える便利なあいさつ。

社内で ○ 明日もよろしくお願いします。

“毎日言うから”と、無意識にあいさつしがち。でも、少し心がけるだけで、職場での人間関係によい変化が訪れる。「今日もありがとうございました」「今日は申し訳ございませんでした」も同様。

○ お先に失礼いたします。

相手より先に去るときに。「申し訳ございませんが」を添えれば、恐縮していることが伝わる。

次の約束につながるあいさつがビジネスの定番

別れ際には、次の約束の確認をすることが多いはず。「では、次は来週火曜日に」「今日もありがとうございました。次回もよろしくお願いいたします」なら、確認を兼ねた、かしこいあいさつになります。最近は、「またメールします」と伝えることも多いでしょう。ビジネスでは次につなげるあいさつが別れ際の定番です。

「次はお酒でも飲みながら、お話しできるとうれしいです」。別れ際なら、こんな大胆な言葉も言いやすいかも。一度は使ってみたいフレーズです。

10 しばらく会わないときのあいさつ

× しばらくお目にかかりませんが、どうかお元気で。

他人行儀な印象を与えて、せっかく近づいた相手との心の距離が遠ざかってしまう。

○ またいらしてくださいね。

目下や年下の人、友人、誰にでも使える便利なあいさつ。

○ ぜひまたお寄りください。

目上の人にも失礼のないあいさつ。

○ 本日はお忙しいところ、ありがとうございました。

しばらく会いそうにない仕事相手との別れ際に。礼儀正しさもアピールできる。

○ 外が暗くなりましたね。お気をつけて。

しばらく会わないことにはとくにふれずに、相手の帰路を気づかうのが大人の会話。

○ どうぞ、お元気で。

笑顔で心をこめて伝えたいフレーズ。

◯ ごきげんよう。／いずれまた。

ゆっくりとしたテンポで言いたいフレーズ。さらに、相手の後ろ姿に向かって言うようにすると、なごり惜しさが伝わる。

◯ ときどきは様子をお知らせください。

相手への親近感を伝えるフレーズ。

◯ お身体《からだ》を大切になさってください。

「寒くなりますので（暑くなりますので）、お身体を大切になさってください」。その時期に合った、健康を気づかう言葉であいさつをする。

ていねいさと気づかいのあいさつで好印象

「本日はありがとうございました。またお目にかかれるのを楽しみにしています。では、失礼いたします」のように、“楽しみ”という言葉をひと言入れてあいさつすると、好印象。

また、手紙の結びによく使う「今日は楽しかったです。ありがとうございました。お風邪など召されませんようお気をつけください」という一文にならって、相手の健康を気づかうあいさつをすると、きちんとした印象を与えられます。

しばらく会わない人へのあいさつは、ていねいさと気づかいの二つがカギです。

11 話を引き出す

× そうかなぁ……。

このひと言で、相手の話したい気分はそがれてしまう。

× えっ、本当ですか？

会話が盛り上がるケースもあるが、相手の話を信じていない印象を与えることもあるので、気をつけたい。

○ それで？

相手の話に興味を持っていることが伝わるあいづち。話がはずまないときや、話題を変えたいときにも使える。

○ 話は戻りますが……。

相手が話しやすそうな話題に戻るのも、相手の話を引き出すコツ。

○ ほんと、その通りですよね。

話に納得したことが伝わると、相手はさらに話したくなる。

○ ところで。

話題を変えたいときや話の方向性を変えたいときに便利。「この話題はこれ以上続きそうにない」と感じたら、このあいづちで相手に別の話題を向けたい。

◯まったくですね。

同感していることを伝えると、相手はその先を話したくなる。

◯それからどうしました？

相手の話にもう一歩ふみこんだ状態のときに使うとフィットするフレーズ。

◯はい……。

「はい……」のあと、数秒間沈黙することで、相手が次の言葉をさがす時間が生まれる。それが相手の話を引き出すことになる。

相手の会話の中のキーワードを繰り返す

定番の「と、おっしゃいますと……」というフレーズで相手の話を引き出す以外にも、知っておきたいコツがあります。

たとえば、相手が「昨日は思った以上に忙しかったです」と話し出したら、「思った以上に……」と相手の言葉の中で気になる言葉を繰り返してみましょう。すると相手は、話を続けやすくなります。「最近、フットサルを始めたんですが……」なら、「フットサルを！」。

キーワードになりそうな言葉を繰り返すことで、相手のおしゃべりも乗ってきます。

相手に共感する 12

× そうなんだ。

さらっとしすぎて、聞き流しているかのようなマイナスイメージを与えることも。

× それはわかりますけど。

共感したかのようで、共感していない印象を相手に与える。「それで何なんですか？」と相手があなたに聞き返したくなるあいづち。

○ それはいいですね！

こう共感すれば、話し手の気分が乗ってくる。

○ そうですよね。

いつでも使える最強のあいづち。相手が楽しい話をしたときも、話が深刻なときにも使える。楽しい話なら、「そうですよね！」と明るく、深刻な話なら「そうですよね……」とトーンを落とせばOK。

○ わかります！

共感フレーズで返せば、相手はあなたによい印象を抱く。ほかに、「いいですね！」「すばらしいですね」「それはひどいですね」「楽しいです」「へぇー」「私でも、そうしたと思います」「私も！」「はい」「なるほど」などがある。

◯ おつらかったですね。

相手のつらい話に共感するときは、相手の吐き出した思いを要約したあいづちを。「くやしかったんですね」も同様。

◯ その通りですよね。

私も「あなたの思い」とほとんど同じ思いです、というニュアンスを伝えるフレーズ。

◯ 私でも……。／私も……。

「私でもそうするかもしれません」「私もそう感じるかもしれません」で、相手に深く共感していることが伝わる。

相手の思いに寄り添うと共感のあいづちが生まれる

楽しい話なら、表情だけで言葉は不要のときがあります。「うなずく」だけで相手への共感が伝わります。

一方、深い話なら「はい……」「うーん」のような感嘆詞があいづちになります。これらは、相手の気持ちをそのまま受け止めたサイン。話に感じ入り、同じ思いであるということが伝わります。

共感は、「相手が感じたようにあなたも感じる」こと。相手の言葉に反応するより、相手の思いを理解する気持ちで話を聞くと、共感のあいづちが自然に生まれます。

相手のよいところをほめる

× さすがですねー。／やはり違いますねー。

口調によっては、口先だけと相手に思われることがある。また、連発すると軽薄な印象になる。

× いいバッグですね。時計もいいですね。

ほめ言葉は数ではなく質。ほめすぎは、逆に相手を居心地悪くさせる。どれもがすばらしいと感じても、あえてひとつに絞り、言葉に重みをつけたい。

× ○○さんのような人に、会ったことがありません。

おおげさすぎるほめ言葉は、うそっぽく聞こえることがある。ほめるときは、「○○さんの企画は毎回、すばらしいです」と具体的にほめたほうが、リアリティが増す。

○ いつも洋服のセンスがいいですね。

センスや努力などをほめられると、人はよろこぶ。だから相手をよく観察したり、話をよく聞いて、相手のセンスのいいところを見つけてほめよう。
さらに「いつも」を添えると、相手の気分が盛り上がる。

◯靴、きまってますね。

「おしゃれが好き」という人にとって、靴はおしゃれの総仕上げ。おしゃれのすべてをほめられている気分になる。おしゃれにこだわりのある人の心をくすぐることができる。

◯いつも親身になってくれてありがとう。

無意識にしていることをほめられるのは、うれしい。感謝の言葉は、とっておきのほめ言葉になる。

◯○○さんのようになりたいです。

“ほめる”というより「相手を認め、あこがれの存在である」と伝えることで、ほめたこと以上に相手をうれしい気分にさせられる。

二つの「ほめ」で説得力がアップ

相手をほめるときは「○○さん、今日もおしゃれですね」のように、“今日も”や“いつも”を使ってほめましょう。

また、「○○さんは周りの人を大切にするから、誰からも好かれますよね」のように、フレーズの中に「どこが、どうすばらしいのか」「だから結果もすばらしい」という二つの「ほめ」を入れると、説得力が生まれます。

たんに「素敵な名刺入れですね」ではなく、「その名刺入れ、素敵です。さすが○○さんですね」と、選んだあなたがすばらしいという言い方にするのも効果的。

14 相手の仕事内容をほめる

× すごいですね。

具体性に欠けるほめ言葉は、相手の心を動かさない。

○ 努力していた成果だね。

プロセスを認めることも、効果的なほめ方のひとつ。「毎日残業してがんばってたよね」と、相手がどう努力したかを伝えると、相手の充実感を引き出せる。

○ このあいだの企画、会議で評判がよかったよ。

自分のいないところでほめられたという情報は、格別にうれしいもの。
さらに「アイデアが斬新だと言っていたよ」と、評判の中身を話すと説得力のあるほめ言葉になる。

○ 今回の企画も、出来がいいですね。

ほめたい内容に、「今回も」「いつも」「今日も」をつけると、おおげさにならず、相手をよろこばせることができる。

○ 仕事をしている○○さんも素敵ですね。

かなり大胆なほめ言葉。でも、言えれば効果は絶大。

目上の人へ

◯ 勉強になります。

目上の人へのほめ言葉は注意が必要。場合によっては「上からものを言われている」と相手に感じさせてしまう。「勉強になります」「学ばせていただきます」を使いたい。

◯ 次回もぜひ、〇〇さんにお願いしたいです。

このひと言で、今回の仕事の出来に感謝と満足をしていることが伝わり、相手をほめたことにもなる。
「次回もぜひ、〇〇さんとご一緒させていただきたいです」も同様。

第三者からのほめ言葉をさりげなく伝える

たとえば、「〇〇さんにお願いするときれいな書類が出来上がるから、取引先にほめられるんだけど、今回も取引先の〇〇課長に、ものすごくほめられたよ」のように、第三者がほめていたことを伝えると、ほめられた側のよろこびが倍増します。

第三者からのほめ言葉がなかった場合は、先を予測した言い方が効果的。たとえば「取引先に書類を持っていくのに、〇〇さんのつくってくれた書類だと自信を持って出かけられるな。先方もきっとよろこんでくれると思う」と、先回りしてほめてみましょう。

15 ほめられたときに返す

× そんなことありません。

このようなフレーズで返すと、「がんばっていると思いますよ」と、さらに相手にフォローさせることになりかねない。そうならないよう、ほめられたら「ありがとうございます」と言って受け止めよう。

× どんなところが、でしょうか？

どこがいいのかと相手に聞き返したくなっても、ぐっとこらえよう。聞き返すとあつかましい印象を与えてしまう。

△ ○○さんこそ、素敵です。

お返しのつもりですぐに相手をほめると、とってつけた感が出てしまうので、タイミングを選んでほめ返そう。

○ 面《おも》はゆい気持ちです。

「ほめられすぎ」と感じたら、こんな大人の言い回しを使ってみよう。

○ まだまだです。この先を期待してください。

仕事のことでほめられたら、こんなふうに意欲を伝える方法もある。

○ 気付いてくださって、ありがとうございます。

素直によろこぶことで、相手を立てることになる。大人の対応。

○ うれしさをはげみに、がんばります。

うれしいと素直に言ったあと、このようにスマートに感謝の気持ちが言えたら、ほめてくれた人へのお返しになる。

○ ○○さんのやり方をいつも見ているからです。

相手に花を持たせる大人のフレーズ。

素直な肯定と相手への感謝の言葉がポイント

ほめられたら、照れながらも「うれしいです」「はげみになります」と、まず肯定します。

続けて「○○さんに～を教えていただいたからできました」と、ほめてくれた相手に感謝の言葉を返します。

とはいえ、ほめてくれた相手が直接何かをしてくれていない場合も。そんなときは「日頃からみなさんにいろいろ教えていただいているおかげです。ありがとうございます」と周りに感謝します。

ほめられたときは感謝の言葉で返すのがポイントです。

お祝い

16

× その辺で、よく見かけるようなものですが。

あまりにも飾り気のない言葉は、贈り物をする場にふさわしくない。

△ つまらないものですが。

以前は謙遜《けんそん》でこう言うのが定番だった。けれど、最近は「気に入っていただけるとうれしいです」のように、肯定的な表現が使われることが多い。

○ ○○さんのイメージで選びました。

一生懸命選んだと伝えることで、“あなたは私にとって特別な人”と伝えられる。
控えめではあるが、あなたのさりげない気づかいをアピールできる。

○ イケメン君になりそうですね。

赤ちゃんの写真を見せてもらったときの言葉。将来をイメージしたお祝いの言葉は、場を盛り上げる。
また、「賢そうなお子さんですね」「目元が○○さんに似ていますね」といった素直な感想も相手の心に届く。

◯ お人形さんみたいにかわいらしいですね。

女の子をほめるときは、かわいいものにたとえてほめると、よろこばれる。

◯ 気持ちばかりのものですが。

謙遜しながらお祝いの品を渡すときのフレーズ。「心ばかりのものでございますが」も同様。

◯ お納めいただければ幸いです。

お祝いの品をさし上げるときの定番フレーズ。「ご笑納いただければ幸いです」も同様。

ストレートにお祝いの気持ちを述べて

お祝いは、「課長へのご昇進、おめでとうございます」「赤ちゃんのご誕生、おめでとうございます」と、ストレートにお祝いの気持ちを伝えます。

お祝いの気持ちを深めて伝えたければ、「赤ちゃんのご誕生、おめでとうございます。おすこやかなご成長をお祈り申し上げます」などと、伝えます。

相手と親しければ、「お名前は決まりましたか？」「どちら似ですか？」など、子どもの誕生をよろこぶその人が、語り出しやすくなるような質問を投げかけましょう。

17 冠婚葬祭の場で

披露宴で

× これで私のお祝いの言葉を終わります。

スピーチのとき、つい口にしてしまうフレーズ。「終わります」は忌《い》み言葉といって、別れを連想させるためNG。「お祝いの言葉とさせていただきます」で結ぶ。

○ 本日はおめでとうございます。新婦（新郎）の友人の○○と申します。本日はお招きいただきまして、ありがとうございます。

受付の人や新郎新婦の親族に、このフレーズを使う。親族や席で隣り合わせた相手には「新婦（新郎）の大学時代の友人の高橋と申します」というように、新郎新婦との関係を伝える。

○ お祝いの気持ちです。

受付でご祝儀を渡すときの定番フレーズ。

○ ○○さんの花嫁姿、楽しみです。

控え室などで親族に会ったときには、こんなお祝いの言葉を。

○ お二人の幸せにあやかりたいです。

披露宴がお開きになって、新郎新婦や親族にあいさつするときに。「本日はお招きいただき、ありがとうございました」「とても素敵な披露宴でした」と、感謝の言葉も伝えたい。

悲しみの場面で

✕ 大往生ですね……。

高齢で亡くなったときに使われるが、弔問する側が口にするのは避けたほうがいい。

◯ このたびはご愁傷さまです。御霊前にお供えください。

通夜や告別式に参列して、香典を差し出すときに。

◯ 突然のことで、さぞお力を落としのことかと存じます。心からお悔やみ申し上げます。

遺族の悲しみに寄り添いながら、ていねいに言いたい言葉。「まことに御愁傷さまでございます。ご冥福をお祈りいたします」も同様のフレーズ。

お祝いの席は笑顔で。葬儀では言葉少なく

冠婚葬祭は相手にとっては大事な場面なので、失礼があってはなりません。場をわきまえた言い方ができるように、ふだんから言葉を学んでおきたいものです。

披露宴ではよろこびや感激を親族に笑顔で伝え、葬儀では言葉数をおさえる配慮をしましょう。とくに葬儀では「このたびは……」と言うだけでも十分。ご遺族の悲しみに寄り添うためです。

いただきものへのお礼

18

× 高かったでしょう？

「ありがとう」の前に言うと相手をガッカリさせる言葉。「いくらだった？」「どこで買ったの？」も同様。

× こんなにいいものじゃなくてよかったのに。

相手への気づかいから出た言葉だとしても、相手の厚意を無にする言葉。

目上の人へ

○ ごていねいに恐れ入ります。

目上の人に使いたい。目上から信頼されるお礼の言葉。

○ 過分なお志をいただきまして。

お祝いのお金をいただいたときに。

○ 過分なご配慮をいただき、感謝しております。

目上の人への感謝の気持ちを過不足なく伝えられるフレーズ。

○ ずっと欲しかったものです。／大好物です。

「選んでよかった」と、相手がうれしくなる言葉。「以前から一度味わってみたいと思っていました」も同様。

◯ どうぞお気づかいなさいませんように。

過分なものをいただいて、恐縮したときに使いたい。

◯ ○○さんに選んでいただいたので大事にします。

あえて名前をつけ加えることで相手への好意を伝えることができる。

◯ 本場の味を満喫させていただきました。

その人の地元のものなどをいただいたときのお礼に。

“あなたのおかげで”という気持ちを伝えて

いただきもののお礼なら、「大好物です。早速、今夜いただきます」「前から食べてみたかったものです」「ずっと欲しかったものです」と、感激を伝えましょう。

お祝いのお礼なら「ごていねいに恐れ入ります」「過分なお志をいただきまして」など、定番フレーズを覚えておくと便利です。

いずれも、“あなたのおかげで”という気持ちで言葉を選びましょう。それが相手に感謝と感激を伝える極意です。

19 特別なときの感謝・感激

× こんなにしてくれなくてもよかったのに。

相手への気づかいからつい出てしまいがち。でも、これでは相手の思いに感謝で応《こた》えていない。つい口から出てしまったら、「でも、とてもうれしいです」とすかさず付け加えよう。

△ すみません。

たとえばドアを開けてもらったときなど、恐縮して「すみません」と言うよりも、「ありがとうございます」と感謝で伝えたほうが、相手と笑顔で会話ができる。

○ わあ！　ありがとうございます。

「ありがとう」の前に「わあ！」や「うれしい！」といった感動を表現する言葉を加えると、相手もうれしくなる。

○ とてもうれしいです。

素直によろこぶのが一番。タイミングを逃さずに言えれば、相手の心にしっかり伝わる感謝の言葉。

○ 昨日はありがとうございました。

別れ際にお礼を言ったとしても、翌日にまた「昨日はありがとうございました」と言おう。二度のお礼で、感謝の深さが相手に伝わる。

◯ さっきはありがとう。

言うタイミングがずれたことで、感激がかえって印象的に伝わる例。「さっきからずっとお礼を言おうとしてくれたんだ」と、お礼の気持ちが持続していたと相手に伝わる。
だから、その日にお礼を言えないときは、「遅くなったけれど、この前はありがとう」と、後日言う。お礼の言葉に賞味期限はない。

◯ お心づかい、うれしかったです。

ていねいに感謝の気持ちを伝えたいときに使う。「お心づかい」というフレーズは、覚えておくと便利。

お礼は「すぐに」がベストのタイミング

何かをしてもらったとき、ベストのお礼は「ありがとうございました」を、してもらってからすぐに言うこと。タイミングのよさを生かせるようになれれば、コミュニケーションの上級者です。

また、してもらった内容に応じて、お礼の表現も変えたいもの。「なんとお礼を申し上げてよいかわかりません」「お礼の申し上げようもございません」「すっかりお手をわずらわせてしまいまして」と、内容の重さに応じて、感謝の言葉に深みをつけたい。

仕事でお世話になったお礼

20

×どうも。

「どうも」は謝りにも受け取れ、感謝の気持ちが相手に十分伝わらない。お礼を言われる側にとっては「どうもありがとうございます」という言葉がうれしい。

×すみません。

「すみません」もお詫びとお礼の気持ちを混同してしまう言葉。相手に感謝が伝わらない。

×○○してもらって、申し訳ないです。

「申し訳ない」では、感謝が伝わらない。相手に恐縮しすぎることなく、「ありがとう」「うれしいです」「助かります」など、幸せや感謝の口ぐせに変えよう。

◯○○さん、ありがとう。

名前を添えれば、相手に特別な言葉のような感じを与えられる。

◯早く仕上げてくれて、ありがとう。

どう感謝しているかを具体的に添えると、感謝の思いがより伝わる。「○○さんの的確なアドバイスのおかげで、プレゼンが成功しました。ありがとうございます」も同様。

◯ お骨折りをいただき、ありがとうございました。

「お世話になりました」以上に、感謝の気持ちが相手に伝わる。

◯ ひとかたならぬお世話になり、ありがとうございました。

相手の手をわずらわせたときに。ていねいに言いたいフレーズ。

◯ ご尽力いただき、ありがとうございました。

相手が会場を押さえてくれた、誰かとの縁をつくるために努力してくれたなど、相手のはからいに対してお礼を言うときに使う。

場面に合わせたフレーズをプラス

　お世話になったお礼なら、「先日は○○の件で、たいへんお世話になりました。おかげさまでその後も順調です」「社内で高い評価をもらうことができました。○○さんのご指導のおかげです」と、その後の結果を伝えることで、感謝の深さが伝わります。

　また来てもらったお礼なら、「わざわざお越しくださいまして」「ご足労いただきまして」の基本の言葉に、「雨の中お越しくださり」「お忙しいところ、お運びくださり」など、場に合わせた言葉をプラスします。

21 誘う

× いつかご一緒できたら、うれしいです。

自分から誘っておきながら、その誘いが具体性に欠けていたり、相手に気をつかいすぎたりの遠回しの表現では、相手に伝わらない。「近々ご一緒できればと思います。ご都合はいかがでしょうか？」のように、アクションにつながる誘い方にしよう。

× ○○さんのお時間のあるときにでも、食事に行きましょう。

これも具体性に欠けた例。「いつか」「お時間のあるときにでも」「そのうち」では、伝わらない。「今月中で○○さんのご都合のよさそうな日に、食事に行きましょう。いつがいいか教えていただけますか？」と、具体的に誘う。

○ よろしかったら。

はじめての誘いは、「よろしかったら」「よろしければ」「もしよかったら」を添えると好印象。しかも、あなたの側にも誘いやすいというメリットがある。

○ 近いうちに一席設けさせていただきたいと思いますが。

“おもてなしをしたい”というときに使う。

食事でもしながら、打ち合わせしませんか？

“もっとあなたと話したい”ということを、暗に伝えられるフレーズ。

○○さんのお好きな△△の話をしたいので、近いうちに食事でもいかがですか？

相手の興味をひくと、誘いが成功しやすくなる。

○○がおいしい店を見つけたので、ご一緒しませんか？

「新しくできたおでんの店」や「ランチがおいしいと評判の店」など、情報を具体的に提示すると相手をひきつけられる。

事前情報の提示と気づかいのフレーズを添えて

「いつ」「何に」誘うのか。また、「お金はかかるのか」「ほかに誰が参加するのか」など、わかっていることがあれば、明示して誘いましょう。誘われた側が行くか行かないかを判断するとき、事前情報の多いほうが決めやすいからです。

また、誘われた側に断る余地を与える気づかいも必要です。「○日に食事に行きませんか？」より、「よかったら○日に食事に行きませんか？」「○日に、もし行けたら食事しませんか？」と“よかったら”“もし”などを添えて相手を気づかいます。

誘いに応じる

※断る言い方は148ページ参照

22

× 楽しそうですね。

「行く」とも「行かない」ともとれる、あいまいな言い方をするのは社会人としてNG。

△ 今週中にご返事します。

おたがいの認識に誤差が出ないよう、保留する場合は、「明日の17時ごろまで保留にさせていただけますか」のように、保留の期限を具体的に示す。

○ うれしいです。よろしくお願いいたします。

シンプルではあるが、気持ちが伝わるフレーズ。

○ お誘い、ありがとうございます。ぜひ、ご一緒させてください。

誘いに応じるときは、最初のフレーズが大事。誘ってもらったことへのお礼で始めれば、誘われやすいタイプになれる。

○ ありがとうございます。それではお言葉に甘えさせていただきます。

接待などの誘いを受けるときのフレーズ。

予定変更 ○ この日以外でご都合のよい日を、教えていただけないでしょうか？

提示された日にすでに先約が入ってしまっている場合には、「お誘いありがとうございます。あいにく○○日は……なので」とお礼を述べてから候補日のピックアップをする。これで誘いに対して、前向きな気持ちが伝えられる。

目上の人へ ○ よろこんでご相伴《しょうばん》させていただきます。

目上の人に誘われときや接待の誘いを受けたときに使いたい。

誘いのフレーズにはよろこびや感謝の言葉で応《こた》えて

その場で誘いに応じるときは、「うれしいです。ぜひ、ご一緒させてください」「ありがとうございます。今からとても楽しみです」とよろこびを伝えましょう。

後日、応じるときは「お誘い、ありがとうございました。ぜひ、ご一緒させてください」と誘われたことへの感謝から始めると、ていねいで好印象。

誘いに応じるのを旅行の申し込みをしたと考えてみてください。すると誘いに応じた瞬間から楽しみが始まります。よろこびや感謝を伝えて応じれば、当日もきっと楽しい時間になります。

依頼・お願いをする

✕ お願いします。

これだけでは、あまりにも無責任。あいまいな指示の結果、「えっ、こんなふうにやったの？」と不満を感じても、あとのまつり。そうならないよう、「このやり方でお願いします」「こちらが見本です」と自分の求めるイメージをしっかりと伝えよう。

✕ できるだけ急いでください。

これもあいまいなリクエスト。これでは意図が伝わらない。あなたが「今日中に」と思っていても、相手は「2、3日中」とイメージする可能性も。
「明日の正午まで」のように、具体的に伝えよう。

◯ ～していただけますか？

人から指図されるのを好まない人は多い。気持ちよく相手に動いてもらうには、命令形ではなく、語尾を依頼の形にする。「～していただけないでしょうか？」「～していただけるとありがたいです」なら、よりていねいな印象になる。

◯ こういうやり方でお願いできますか？

協力を求めるポイントを提示しながら依頼すると、仕事内容のイメージを共有しやすくなる。

○ できれば～してもらいたいんだけど、お願いできる？

「できれば」という言葉をつけ、相手を思いやる。

○ 不明点があったら、聞いてください。

仕事を依頼するときに。相手が質問しやすいようにして、依頼することも大切。

○ ～していただけるとありがたいです。

「お力を貸していただけるとありがたいです」のように、ソフトにお願いしたい。「～していただけると幸いです」も同様のフレーズ。

依頼フレーズは「何を」「いつ」「どのように」をおさえて

依頼するときは、「何を」「いつ（までに）」「どのようにしてほしいか」の三つを入れて、「○○会議の資料作成を明日の午後、手伝ってもらいたいのですが、お願いできますか？」のように依頼します。

ただし、これだけでは仕事のできる人としては不十分。「お忙しいところ申し訳ございません」「急なお願いでごめんなさい」と、相手を気づかうのを忘れずに。「あなたの手が空いたときでいいので」「手伝ってもらえたら、助かります」と言えば、相手に強引さを感じさせません。

営業に使う 24

× ちょっと待っていただけますか？

相手から思いがけない質問を受けても、動揺をおさえて「はい、○○の件ですね」と相手の目を見て言えれば信頼される。

○ 改良された点から、説明いたします。

相手にとってのメリットを最初に話すと、相手の期待感を高められる。

○ ○○のため、××が必要です。

根拠をあげて、必要な理由を説明するテクニック。

○ ご理解いただけると、ありがたいです。

商談を受けたのに断らなければならないとき。相手にお詫びしながら言うフレーズ。

○ それでは、～の形で進めさせていただきます。

相手から了承を得られたら、このフレーズで念押しをする。

○ 詳細は明日、メールさせていただきます。

口頭での約束ではおたがい不安なので、このフレーズで誤解が起きないようにする。

○ では今日はこのあたりで。次回、ご検討いただけるように内容を練り直してきます。

商談がまとまらない、それでも可能性をゼロにしたくない場合に使いたいフレーズ。

○ 勉強不足で申し訳ございません。

質問されたことにその場で答えられなかったら、すぐに詫びて、あとから質問に答える。「調べて、本日中にご連絡いたします」も付け加えたい。

○ ちなみにご予算はいくらくらいをお考えですか？

相手の真意が読めないときなどに、「ちなみに」を前置きに、金額面などの思い切ったことを質問する。

相手の意向を取り入れながら話を進める

　相手が何を求めているかを探りながら話を進めるのが、営業。そのため、間をとりながら、相手に質問しながら進めましょう。すると相手はあなたの姿勢に共感し、説明を聞きたくなります。
　営業は「自分にもメリットがある」と、相手に理解してもらえてはじめて成功します。相手の意向や質問を上手に取り入れながら話を進めれば、相手側とあなたの妥協点が見つかり、商談がまとまります。

もうひと押しする 25

× ○○さま、いかがでしょうか？

「いかがでしょうか？」では、何と答えたらよいものかと、相手を困らせてしまう。

× ○○さまに断られたら、社に戻れません。

あなたがこの言葉を口にした瞬間に、相手はあなたの仕事の能力に低評価を与える。

△ もう一度チャンスをいただけませんか？

断られても、なんとか次回につなぎたいときのお願いフレーズ。ただし、チャンスは２回までと、心得たうえで使いたい。

△ この点が、このようにすばらしいので、ぜひご検討ください。

メリットは、「御社への問い合わせ件数が○%アップするかと思います」のように、できれば数値で伝えたい。

○ ○○さまは、どのような点が気になりますか？

こう聞けば相手の気になっている点や関心ごとが明確になり、たがいの妥協点を見つけやすくなる。

◯ その点については、私はこう考えております。

相手から別の意見が出てきて、あなたに説明が必要なときは、この切り出し方で。

◯ この部分の変更は可能です。

譲歩できる点があるとき、それをタイミングよく切り出せば、一気に商談をまとめられることもある。

◯ 本日はありがとうございました。あの件、よろしければもう一度ご検討ください。

「お疲れさまでした」のあいさつのあとで言うフレーズ。ここは誰もが気を抜くタイミング。だから、もうひと押しのチャンスでもある。

説得するのではなく妥協ポイントを探る

もうひと押しするのは、あなたの側だけではありません。相手側も、少しでも有利に商談をまとめたいと考えています。

だからあなたは、相手の妥協点を探りながら商談を成功に導かなければなりません。そのために相手の意向を聞き、妥協ポイントを引き出す会話術が求められます。

話して相手を説得しようとするとうまくいきません。それよりも話しやすくなるように相手の意見を聞いてから、自分の意見を口にしましょう。

26 依頼を引き受ける

※断る言い方は148ページ参照

× 今すぐですか？

忙しいから、気乗りしないからといった理由で、その気持ちを言外に匂わせるのはＮＧ。
覚悟を決めて、引き受けるときの第一声は「はい！」と感じよく言いたい。

× お待ちください。

今は手が離せない。すぐに対応できない。こういうことはよくあるけれど、「お待ちください」では、相手にムッとされてしまう。

○ はい！　少々お待ちください。

待ってもらう場合も、必ず「了解です！」「はい！」「かしこまりました！」という了承のサインを出す。
相手は「受け止めてもらっている」と安心して、あなたのことを待ってくれる。

○ いつまでに進めたらよろしいでしょうか。

このあとに、「はい、かしこまりました。以前と同じ進め方でよろしいでしょうか」と再確認のフレーズをつければＯＫ。このとき笑顔で引き受けられれば、好感度も上がる。

◯ 私には難しそうですが、挑戦してみます！

難しい仕事の指示を受けて、つい言ってしまうのが「私には難しそうです」。とはいえ、前向きな意志を表すほうが印象もよいし、上の力も借りやすくなる。
ちょっと無理をしてでも、「挑戦してみます！」のような意欲を伝えるフレーズを言うことで、あなた自身の意欲も引き出される。

親しい人へ

◯ お安いご用！

親しい相手になら、こんなくだけた言い方でもよい。相手の気持ちがラクになる。

第一声で意欲をアピール

　引き受けるときの第一声では、「はい」「かしこまりました」のように意欲をアピールしましょう。第一声でやる気のあるなしを相手が判断するからです。
　とはいえ、引き受ける自信がない場合もあります。そのときは、「はい、かしこまりました。ただ、はじめてのケースなので、わからないことが出たらご指導いただければと思います。よろしくお願いいたします」のように、「意欲」→「不安な点」「応援をお願いしたい気持ち」を伝えます。

受付で

× すみません。総務部の○○さまをお願いします。

名乗らずに相手を呼び出すと、非常識な人だと思われるだけでなく、呼び出す相手にも恥をかかせることになる。

○ 私、○○会社の高橋と申します。総務部の△△さまと３時のお約束を頂戴しております。よろしくお願いいたします。

まず名乗ってから、相手との約束のあるなしをきちんと伝える。

○ お約束は頂戴しておりませんが、私、○○会社の高橋と申します。総務部の△△さまにお目にかかりたいのですが。

約束のあるなしは、受付での大事な情報。また、明確な用件がある場合は、「新しいパンフレットができたので、お渡ししようと思いまして」など、その旨をきちんと伝える。

○ いつもありがとうございます。近くまで来たので、ごあいさつに。

取引のある相手へ、別件での売り込みの場合に使う。

◯ ○○のご説明にうかがいました。

取引のない、面識のない相手への売り込みの場合に使う。

相手の顔を見たら

◯ お忙しいところ申し訳ございません。

訪問は相手の時間を自分のために使わせること。だから必ずこのフレーズから入る。

◯ いつもメールで失礼しております。

ふだん、メールでしかやりとりしていない場合の初対面のあいさつ。

商談の予行練習のつもりで明るくハキハキと

受付では「おはようございます。B社の○○と申します。△△部の××さまと10時のお約束で参りました。お取り次ぎいただけますでしょうか」と、明るくあいさつして、名乗りましょう。このあとの商談の発声練習のつもりで、ハキハキと。こうすることで声も出やすくなるし、受付の人に与える印象もよくなります。

受付でのやりとりは、今日の商談に直接関係なくても、あなたの会社のイメージアップにつながります。取り次いでもらったら「ありがとうございます」のお礼を忘れずに。

おいとまするとき 28

× では。

これではあまりに無味乾燥。せめて「では」に続けて「ありがとうございました」と言おう。

○ では、○日にまた。

スケジュールの再確認が、辞去のきっかけになる。

○ いずれまた日を改めて。

内容がまとまらなかったときや、結論が出なかったときに使う。

○ これをご縁に、今後とも
どうぞよろしくお願いいたします。

話がまとまらなくても、このように前向きなあいさつをして帰りたい。「貴重なご意見をありがとうございました。企画を練り直して出直して参ります」も同様。

○ いい仕事にしましょう。

今後のスケジュールが決まっているときに。できる人を相手に印象づけられるフレーズ。

○ もうこんな時間ですね。
本日はありがとうございました。

帰るタイミングをつくりたいときに使えるフレーズ。

◯ 使いやすい打ち合わせスペースをご用意くださり、ありがとうございました。

相手の会社のよいところにふれるあいさつ。「おいしいコーヒーでした。ごちそうさまでした」なども同様に使える。

◯ 本日は貴重なお時間をいただきまして、ありがとうございました。

相手への感謝を伝えながら、辞去のきっかけをつくることのできるフレーズ。

別れ際に次回の予定を確認すれば好印象

商談に区切りがついたところで、「次回は、○日の午後1時によろしくお願いいたします」と次回の予定を確認すると、“仕事ができる”“任せて安心”と相手から思われます。

また、「本日は貴重なお時間をいただきまして、ありがとうございました」が言えたら、“礼儀がある”と信頼を得られるでしょう。

相手が部屋の外まで送ってくれたら、「ありがとうございます。こちらで失礼いたします」とエレベーターやロビーなどキリのよい場所で、お礼を言いましょう。

29 人を紹介する

✕ こちら、○○さまです。

合コンでならOK。でも、ビジネスではあまりに省略しすぎ。「こちらは総務課の○○さまです」が正解。

△ 課長にいつもお話ししている△△社総務部の○○主任です。

取引先の人に失礼な言い方。「自分のことを上司にどう話しているんだろう」と相手に不安を感じさせてしまう。これを言うなら、「課長、いつもたいへんお世話になっている△△社総務部の○○主任です」。

社外の人へ

○ ○○さま（取引先の名前）、ご紹介させていただきます。企画部の○○でございます。

あいさつするときと同様、まずは自分の側の人を相手側に紹介するのがマナー。

○ 早速ですが、部長の○○をご紹介させていただきます。

自分より立場が上でも、取引先に紹介するときは「○○部長」ではなく「部長の○○」に変える。これは役員であろうと社長であろうと同じ。「ご紹介いたします。主任の○○です」の言い回しも使いやすい。

社内の人へ

◯ いつもお世話になっている〇〇さまでいらっしゃいます。

社内の人に取引先の人を紹介するときは、この言い方。

◯ こちらがサッカーの得意な〇〇さまです。

こんなふうに個性や特徴を伝えると、紹介された側同士が打ち解けやすい。

◯ 私どもの〇〇とはご面識がおありですか？

「手前どもの」も同様の使い方。「ご面識がおありですか？」は「〇〇を知っていますか？」の大人版フレーズ。

紹介の順序がポイントに

紹介の順序を覚えておけば、仕事ができる印象をアピールできます。社外の人と社内の人を紹介するときは、先に社外の人に社内の人を、目上と目下では、目下を先に紹介します。「〇〇課長、ご紹介いたします。当社の△△です」と紹介したら、「こちらは、A社の〇〇課長でいらっしゃいます」の流れになります。

そのとき、「〇〇課長は、ご自身でデザインも手がけられます」のように、社外の人の仕事をアピールする情報を付け加えると気がきいています。

来客を応対する 30

× こんにちは。

職場への来客には、「本日はお越しいただきまして、ありがとうございます」と感謝の言葉を表すのがマナー。

× お約束はおありですか？

“上から目線” と相手に誤解される。「恐れ入りますが、お約束でしょうか？」のように相手におうかがいを立てる。

○ ようこそいらっしゃいました。

歓迎の気持ちを表すフレーズ。このひと言で、なごやかな雰囲気をつくれる。

○ 遠方よりお越しいただき、ありがたく存じます。

たずねてきてくれたことへの感謝の気持ちを伝えるために、遠方からの相手や悪天候のときは、そのことにふれたあいさつをする。「お足元の悪い中、ご足労いただき、ありがとうございます」は雨天のときの定番フレーズ。

○ 失礼ですが、お名前をおうかがいしてもよろしいでしょうか？

相手の名前を聞くときは、「失礼ですが」「恐れ入りますが」をつけてから聞く。

◯ ただ今、お取り次ぎいたします。少々お待ちいただけますか？

「確実に取り次いでもらえる」と、相手を安心させられる定番フレーズ。

◯ 応接室にご案内いたします。こちらへどうぞ。

社内のどの場所へ案内するかを伝えれば、相手は心の準備ができる。

◯ お待たせして申し訳ございません。どうぞ召し上がってください。

来客は出されたお茶を飲むタイミングを見つけにくい。そのことを思いやって、このように使いたい。

相手の身になって 気づかいフレーズを使おう

来てくれた相手は、緊張したり、不安を感じたりと様々な思いを抱えています。その思いを気づかい、場面ごとに案内役として必要なフレーズを言いましょう。

自分が他社を訪問する立場ならどのタイミングで、どんな言葉を言われたいかをイメージするとよいでしょう。

相手の心情を察しながら、必要な場面で的確な案内の言葉を言いながら、さらに天候の話題などの雑談も入れられたら、上級の来客応対者です。

おいしくないとき 31

× もうけっこうです。

悪気はなくても、このように断ると「おいしくない」のニュアンスに伝わることがある。

× イマイチですね。

相手がおいしいと感じているかもしれないので、ストレートな言い方は避けたい。

× この店、来たことあるんですよね？

相手が推薦してくれた店だからといって、遠まわしのこの言い方は失礼。

○ 和食は、身体にいいですよね。

味にはふれず、「麺が太いですね」「辛口の味わいですね」など、話題を料理の特徴に移す方法もある。

○ 落ち着くお店ですね。

お店がイマイチだった場合、無理して「おいしかった」と言うのは不自然。かといって、お店の印象にふれないわけにもいかない場合に使えるフレーズ。

○ はじめての味です。

これなら、おいしいかどうかにふれず、味の感想を言える。

◯ 少し変わった味つけですね。

「ユニークな味つけですね」も同様。味の批判にならない、ギリギリのフレーズ。

◯ おいしいけど、もう少し○○なほうが好きかな。

場の雰囲気をこわさずに感想を口にするとき。

◯ 次回は○○のほうを食べてみようかな。

やんわりと今日の料理に満足できなかったことを伝える。

おいしいときはストレートなリアクションを

おいしいときは、うんちくよりもリアクションを大事にします。「おいしい！」「わあ！」と、目を輝かせれば、言葉以上においしさが相手に伝わります。

リアクションのあとは、「おいしいソースですね」と味わいの感想を言ったり、「豊かな気分になれます」と気分を言葉にすることで、おいしさを表現します。

おいしくなかったときは、「はじめての味です」「今まで食べたことのない味です」と言うと、相手の気分を害さずに済みます。

ごちそうになる・ごちそうする

32

ごちそうになる

× えっ？本当によろしいのでしょうか。

相手の厚意を素直に受けることも必要。この言葉のあとに、「ありがとうございます。遠慮なくごちそうになります」とお礼を言いたい。

○ ごちそうさまでした。◯◯がとくにおいしかったです。

たんに「ごちそうさま」と言われるよりも、「やはり旬のものはおいしいですね」など具体的によろこばれると相手のうれしさは倍増する。

○ お心づくしのおもてなし、ありがとうございました。

もてなしを受けたあとの、お礼のフレーズ。

ごちそうする

○ どうぞごゆっくりなさってください。

家に招待するとき、このフレーズを使えば相手をリラックスさせたり、遠慮を取り除いてもらえる。「どうぞひざをおくずしください」も使える言葉。
また、目上の人に座ぶとんをすすめるときは「どうぞ、お当てください」を使い、目下の人には「どうぞお敷きください」を使う。

◯ 周りの人たちから「おいしい」と聞きましたので。

あなたのさり気ない気づかいを伝える言葉。さらに、その店を選んだあなたのセンスもアピールできる。

◯ 何もありませんが、どうぞ召し上がってください。

ごちそうするとき、相手に食事をすすめるときのフレーズ。

◯ お粗末さまでした。

相手が「ごちそうさまでした」と感謝してくれたことに対して返す言葉。

「おごり」という言葉は目上の人にはNG

目上の人にごちそうするときは、「いつもごちそうになってばかりなので、たまには……」「今日は私に持たせてください」と伝え、相手の遠慮をときましょう。

「私が出します」「私のおごりで」は、カジュアルな言い方なので目上の人には使いません。

目上の人からごちそうすると言われたら、「よろしいんですか。では、お言葉に甘えてごちそうになります」と感謝し、後日お礼の品を差し上げるなどします。

ごちそうになったら、「ごちそうさまでした。とてもおいしかったです」と、シンプルな言葉でよいので、心をこめてお礼を言いましょう。

割り勘にしたいとき

33

× かえって気づまりです。

おごってもらうのを断るフレーズだが、これでは相手の厚意を台無しにしかねない。「あなたに恩を着せられたくありません」のニュアンスを感じさせるため、とくに目上の人に使うのを避けよう。
せめて「お気持ちはうれしいです。でも、かえって気づまりですので、私にも出させてください」と、言葉をていねいに重ねたい。

○ 次回、ご一緒しにくくなりますので……。

おごってもらうのを断るとき。素直な気持ちから出た言葉なので、相手にも気持ちが伝わりやすくなる。

○ お気持ちはありがたいのですが、今回はお気持ちだけ頂戴します。

相手の厚意を受け止めながら、大人の言い回しでおごってもらうのをお断りするフレーズ。

○ ごちそうになってばかりでは心苦しいので。

「いつもご厚意に甘えてばかりなので」も同様。相手への感謝を伝えながらも、割り勘を申し出たいときに使う。

ごめん！　今日は割り勘にさせて！

気をつかわない相手に、笑顔で明るく切り出すときのフレーズ。

持ち合わせが少ないので、今日は半分出してもらってもいい？

ごちそうしたことのある相手に、割り勘をお願いしたいときに使える。

今回は割り勘でもいい？

割り勘をお願いするときのフレーズ。言いにくそうに切り出さず、さらっと口にしたい。

割り勘にする理由を添えれば相手も納得

「割り勘」は「割り前勘定」の略。「割り勘で飲む」というように使います。

いつもごちそうしている後輩に割り勘を伝えたいときは、「ごめんね。今日は割り勘でお願いしたいんだけど」と明るく伝えます。「今月はパソコンを買ってピンチなので、割り勘にさせてもらえる？」と、割り勘を申し出る理由も伝えましょう。

親しい相手の場合は、店の人に金額を聞いて、各自負担額を計算し「一人2000円でお願いできる？」と切り出す、という方法もあります。

34 酒席・接待のとき

× ○○さんは、いける口ですよね。

相手への親近感から出たとしても、相手にしたら失礼な言葉になる。

○ ○○さん、本日はありがとうございます。△△会社の高橋○○と申します。

初対面の相手には、お酒の席でも名刺を渡してフルネームで自己紹介するのがマナー。
隣に座った取引先の人と初対面のときは「○○部長にはいつもお世話になっております」と感謝のあいさつが会話のきっかけになる。

○ 本日はお招きにあずかりまして、ありがとうございます。

接待を受ける相手と顔を合わせたタイミングで言いたいフレーズ。

○ お酒は何がお好きですか？／お酒は何を召し上がりますか？

好きなお酒の種類を聞くのは、会話のよいきっかけになる。
この言葉は、お酌をするときの定番フレーズでもある。

◯ 私はいただけない口なので、どうぞ召し上がってください。

「不調法で」と一緒で、お酒をたしなまないことを相手に伝える言い方。

◯ お口に合いましたでしょうか？

食事が進んだとき、相手が満足してくれたかどうかを気づかえば、「楽しんでいるか」「苦手な料理はなかったか」など、相手の様子を知ることができる。

◯ お心づくしのおもてなし、ありがとうございました。

接待を受けたら、この言葉でていねいにお礼を言いたい。

アドバイス

くだけすぎずに節度を持って

　仕事関係の人とのお酒の席は、節度を持った態度と言葉づかいを心がけます。具体的には、宴席の始まりと終わりのあいさつをしっかりすること。宴が始まって打ち解けた話題になっても、その話題に乗りながらも、くだけすぎないようにします。

　こう言うと「気をつけることばかりで楽しめない」、そんな印象を抱くかもしれません。でもそうではありません。なごやかな雰囲気が何よりなので、あなたの笑顔をお酒のつまみに、「おいしいです」のような素直なリアクションを大事にしましょう。

会議を仕切る

35

× では、始めます。
部長、よろしくお願いします。

会議を始めるあいさつとしては、あまりにも短すぎるし、「頼まれたから、言っただけ」という印象が強くなる。「では、始めます」の前に「お忙しいところお集まりいただきまして、ありがとうございます。本日、進行を務めさせていただく……」くらいの前置きをつけたい。

× そのご意見は、
テーマからずれています。

ストレートに言いすぎるのはNG。「そういうご意見も参考に、○○について検討したいと思います」のように、テーマから外れた意見を受け止めつつ、話を進めたい。

× もっといい意見はありませんか？

誰かの発言を受けたあとに、このフレーズを言うと、その人の意見を全否定したかのような印象になるので注意。

○ 会議の進行に
ご協力をお願いします。

私語がやまないようなときには、そちらを向いてはっきりした口調で言う。

◯できれば、このように進めたいと考えていますが、いかがでしょうか？

場合によっては、主導権を握って意見をこじれにくくすることも、進行役には求められる。

◯○○さん、いかがですか？

意見の違う人がいたら、相手と心を近づける姿勢を示す。心を近づけるシンプルで効果的な方法は、相手の名前を呼ぶことである。論理的な会話をしているときこそ、相手の名前を呼ぶことを意識しよう。
おだやかなトーンで相手の名前を呼んだあと、少し間をとってからたずねるのがコツ。

会議を仕切るには出だしのひと言が肝心

会議の基本的な流れは、①テーマなどの概要を説明する、②問題を提議する、③それに対して意見を述べ合う、というもの。仕切り役は話の流れをつかまえながら、会議の流れを掌握するようにします。

概要を説明するときは、あらかじめ用意した資料を使いながら説明すると、わかりやすいでしょう。「これから○○についての会議を始めさせていただきます」と、全体に聞こえる声で、みなをひと通り見渡しながら口火を切ります。ここがきちんとできると、信頼が得られ、会議の進行がスムーズになります。

会議を締める

36

× 時間になったので、終わります。

こんなそっけないフレーズではなく、「いい意見がたくさん出ました」「斬新なアイデアがたくさん出たところで、本日の会議を締めたいと思います」など、それまでの流れを受けたひと言を添えたい。

× あーー疲れた！

たとえ小声であってもNG。会議は終わったとしても、仕事中であることを忘れずに。

○ 今日は、おたがいの意見を交換し合えたというところで、納めておきましょうか。

会議で折り合いをつけるのが難しいというときに使うフレーズ。

マイナスな空気のままで話し合いを終わらせないよう、会議を前向きに締められる。

○ 今日、決まったことを念のため復唱させていただきます。

決まったことを整理して、復唱して結ぶと、話がきれいにまとまり、周りから信頼される。

◯以上です。ありがとうございました。

進行役になったとき、参加者に感謝の言葉で締めると、好印象。

◯次回は、○日の予定です。

時間が来たけれど、参加者の意欲がまだ熱を帯びているときに、このフレーズを言えば、自然に会議をお開きにすることができる。

◯おかげさまで中身の濃い会議にすることができました。

出席者へのねぎらいにもなる締めの言葉。

会議の締めに決まった事柄を出席者に確認

「今、このような案が出ましたが、この案への意見をお聞かせください」など、必要に応じて場を仕切るのが進行役の役目です。ただ、みなの意見の流れをつかまえるだけではもう一歩足りません。出席者一人ひとりの表情、発言回数などを見ながら、会議の力関係や各人の意欲にも気を配りましょう。

さらに時間についても、注意を払うべき。ひとつの議題に時間をかけ、ほかに話し合うべきことに時間を割けなくなるのは困ります。

会議をまとめるところでは、決まったことや課題を出席者に確認して、情報を共有します。

37 提案・プレゼン・アピールする

× 半年前から、この企画の準備を始めました……。

準備段階のことから延々と話すと、肝心の内容を聞く前に相手があなたの話に飽きてしまう。大事な点から話す習慣をつけよう。

× 大事なのは～です。それは～だからです。それから～も大事です。

話す前に伝えたいことの優先順位をつけよう。相手が一番ハッとしそうなことや、内容で一番重要な点から話すようにしよう。

△ 提案のポイントはこれとこれと、これです。

売りのポイントを複数出すのではなく、「提案のポイントは、これです」と、ひとつに絞ることで、相手にインパクトを与えられる。

○ ○○について説明します。／以上、○○についてでした。

発表の最初と最後にフレーズの枠をつける。すると話の内容が、相手の頭の中に残りやすくなる。

始まり

◯ お忙しいところ、お集まりいただきましてありがとうございます。

発表を聞いてもらうときは、感謝の言葉から始めると、きちんとした印象を与えられる。

◯ 最後にご意見をうかがいます。

説明は話す側の一方通行になりがちなので、最初にこう予告する。このひと言で、聞く側の参加意欲を高めることができる。

◯ 御社の商品が生きるのは、この点だと思います。理由は……。

相手にとってのメリットから話す。メリットを最初にもってくれば、期待を抱きながら説明を聞いてもらえる。

相手に関心のある話題をプラス

自分の話したいことではなく、相手の聞きたいことを主体に話を組み立てるのが、コツです。いくらよい内容を話しても、それが相手に関係の薄い内容なら、相手は興味を持ちません。その場合は、相手に関係ある話題や、興味を持ちそうなネタをプラスして話すようにします。

要するに、どのようにして相手の心をつかむかを考えながら話す―― それが、説明上手な人なのです。

電話をかける 38

◯ 至急、お伝えしたいことがあり、お電話いたしました。

イレギュラーで夜遅くに仕事の電話をかけなければいけないときなどに使えるフレーズ。こんなときはまず、「至急お伝えしたいことがあり」と伝える。そして用件が済んだら、「夜分に失礼いたしました」で締めくくる。このように、電話をかけた事情を最初に話すのがポイント。

◯ 今、お話ししてもよろしいでしょうか？

携帯電話にかけるときはもちろん、固定電話のときも、用件を話し始める前にこのフレーズを必ず使う。

◯ 恐れ入りますが、○○さまは、お戻りでしょうか？

前にかけて、相手が不在だったときに。

◯ たびたび恐れ入ります。

かけ直したときに、取り次ぎに同じ人が出たら使いたい。

◯ 貴重な時間をおじゃましまして。

電話を切るとき、使いたいフレーズ。とくに電話が長くなった場合に使うと効果的。

○ 電話があったことだけお伝えください。

名指し人が不在だったときのフレーズ。電話を折り返してもらいたいなど、自分の意向を伝える。

× 長電話になり失礼いたしました。

「お忙しいのに、話を聞いていただきありがとうございました」「電話が長くなり失礼しました」のように、自分が話を長引かせたというニュアンスが伝われば問題はないが、「長電話」という言い方はNG。
この場合、もしも相手のほうがたくさん話をしていたとしたら、相手への軽い批判や迷惑だったという意味にもとれて失礼になる。

明るい口調と手際のよさが決め手

電話をかける前に相手の名前、肩書きなどを確認し、さらに用件を箇条書きでまとめたものを用意しておきましょう。相手が不在だった場合の対応もあらかじめ考えておくと、あたふたしません。

電話がつながったら、明るく名乗りましょう。電話は声だけのコミュニケーションなので、明るい口調と手際のよさが、電話上手のポイントになります。話したい相手が電話に出たら、「○○の件でお電話させていただきましたが、今、お時間よろしいでしょうか？」のフレーズを必ず言いましょう。

39 電話を受ける

✕ よく聞こえないんですけど。

相手が携帯からかけてきた場合など、聞き取りにくいときは、「お電話が遠いようですが」と婉曲的に伝えるのがマナー。

✕ 早速ですが、ご用件は？

上から目線の印象を与えてマイナス。相手が用件を切り出すのを待つのが基本スタンス。

△ すみません。お名前をもう一度お願いします。

相手を気づかっていない印象を与える。しかもあまりにストレートすぎる。「恐れ入ります。お名前をもう一度、おうかがいしてもよろしいでしょうか」が正しい。

○ はい。△△社でございます（です）。

朝のうち（10時半くらいまで）は「おはようございます」で、出る。

○ いつもお世話になっております。

必ず言いたいフレーズ。ビジネスでは、相手から電話をもらったことに感謝を伝える。「いつもありがとうございます」も同様。

◯ △△社の○○さまで いらっしゃいますね。

名乗った相手の会社名と名前を復唱することで、相手に安心感を与えられる。

◯ お待たせいたしました。 ○○社でございます。

ベルを３回以上鳴らしてしまったときは、この第一声で。それ以上なら「たいへんお待たせいたしました」で出る。

◯ 失礼ですが、どちらさまでしょうか？

名乗らない相手のことを確認したいときに使う。

かけてきた相手によって 尊敬語か謙譲語かを選択

午前10時半くらいまでは「おはようございます」が第一声。それ以降は「こんにちは」「お待たせいたしました」などに変えましょう。

受けた電話では、「かけてきた相手の名前、所属」「取り次ぎ先」「用件」を聞き忘れないよう注意します。

間違えやすいのが、次の例。社外の人の電話のときは、「○○は、席を外しております」とへりくだりますが、当人の家族からなら「○○課長は、席を外していらっしゃいます。午後3時過ぎにはお戻りになると思います」と尊敬語に変わるので、気をつけてください。

人を取り次ぐ 40

✕ △△は、今、大事な打ち合わせ中ですが。

電話をかけてきてくれた相手のほうが大事。これを言うなら、「申し訳ございません。△△は、ただ今、打ち合わせ中でございます」。

△ ○○に代わります。

このフレーズではあまりにそっけない印象を相手に与える。「それでは○○に代わりますので、お待ちいただけますか？」と言うくらいのていねいさが必要。

◯ 採用の件でございますね。ただ今、担当におつなぎいたします。

他部署への電話をとった場合に使うフレーズ。取り次ぐときは「採用の件でお電話です」と言って他部署へ電話をつなぐと親切。

◯ 広報の△△でございますね。少々お待ちいただけますか？

取り次ぐ相手に間違いがあると相手に失礼なので、相手が話したことを確認する。

◯ 失礼でございますが、私ではわかりかねますので、よくわかる者が承ります。恐れ入ります。

クレームなど、自分では対処できそうにない場合、こう言って上司に電話をお願いすることがある（クレームの対応については124ページも参照）。

◯ お待たせしております。

電話をかけてきた人を、保留で少々長く待たせているときに、もう一度自分が出るときに使う。

取り次ぎミスを防ぐため、人名には肩書を添えて確認

電話での取り次ぎは、「かしこまりました。総務部の〇〇でございますね。ただいま〇〇に代わります」と、誰に取り次ぐのかを確認し、ていねいな口調で「お待ちいただけますか？」と言って保留ボタンを押します。ていねいな口調で聞くのは、事務的な印象をやわらげるためです。

取り次ぐとき、社内に同じ苗字の人がいる場合もあります。「主任の〇〇でございますね」「販売部の〇〇でございますね」と、その人物の肩書や特徴を添えて、取り次ぎミスを防ぎましょう。

41 不在を伝える

× 担当は不在です。

「自分は担当者ではない」という態度をとって、電話を終わらせてはあまりに不親切。

△ ○○はただ今、席を外しております。

このような情報提供だけだと不親切。「○○はただ今、席を外しております。3時過ぎには戻る予定でございます。よろしければ折り返しお電話を差し上げるようにいたしましょうか？」と、相手の意向をたずねるところまでが、取り次ぎ者には求められる。

○ 戻り次第ご連絡させていただきますが、よろしいでしょうか？

これに対して「また電話します」との答えだったら、「それではお電話をいただいたことを伝えておきます」と応《こた》える。

○ すぐに○○に連絡をとり、△△さまに折り返しご連絡させていただきます。

相手の用件が急ぎで、なおかつ担当の○○さんに連絡ができるとわかっている場合のみに使うフレーズ。

◯ ただ今、電話中でございます。

担当が電話中の場合。このあとに「まもなく済むと思いますが、お待ちいただけますか？　それともおかけ直しいたしましょうか？」と、かかってきた相手にたずねる。「あいにくほかの電話に出ております」もよく使われる。

◯ 今、少々手が離せないので、折り返し電話させます。

トイレに行っているときなど、理由を言えない場合に使える便利なフレーズ。

“あいにく”を使えば申し訳ない気持ちが伝わる

　不在を伝える基本のセリフは「お待たせいたしました。あいにく○○は3時過ぎまで外出しております。よろしければ戻り次第、お電話を差し上げるようにいたしましょうか？」。「お待たせいたしました」と保留にしたことを最初に詫び、“あいにく”をキラーフレーズに、名指しされた人が電話に出られない理由を相手に伝えましょう。続けて「いかがいたしましょうか？」「お急ぎでしょうか？」などで、相手の意向をたずねます。

　また、名指人の携帯電話の番号をその人の許可なしで教えるのはNGです。「○○からご連絡を差し上げるようにいたしますので、ご連絡先を教えていただけますか？」のように、名指人から折り返し連絡させてもらう旨を伝えます。ただし、会社の携帯電話だったり、名刺やメールアドレスに名指人の携帯電話の番号が入っている場合は、教えても大丈夫でしょう。

伝言を受ける

× それでは○○に伝えておきます。失礼いたします。

伝言を受けて復唱せず、このフレーズだけだと、相手を不安にさせる。せめて「××が承りました」と責任の所在を明らかにする。

○ よろしければ、私がご用件を承ります。

担当者が不在の場合、電話を受けた者が相手の用件を承り、担当者にその内容を伝えるのが、ビジネスでは大事。

○ 復唱させていただきます。

日時や場所、数量など、用件は復唱して確認する。これで相手を安心させられるし、自分自身も不安がなくなる。

○ かしこまりました。

相手の伝言依頼が長い場合、あいづちの代わりに「かしこまりました」を言うと、任せて安心、と相手に思わせることができる。

○ たしかに申し伝えます。

このひと言で、「用件が伝わるんだ」と相手はホッとできる。

○ たしかに承りました。

「わかりました」のていねいな言い方。さらに「私、××と申します」というように名前を言いたい。そうすると、相手があなたのことを信頼する。

○ かしこまりました。
△△の企画の件でメールを
お送りいただいたということですね。

受けた伝言内容は簡潔にまとめて復唱する。

○ ～ということで
よろしいでしょうか？

復唱後、相手に改めて内容を確認してもらう。

伝言の用件は必ず復唱を

　伝言を受けたら、必ず用件を復唱するようにしましょう。「復唱させていただきます」「○○ということでよろしいでしょうか」などの言葉があると、相手を安心させられます。

　続けて、「私、○○と申します。ご用件をたしかに承りました。間違いなく△△に申し伝えます」と言えれば、相手の信頼を得られます。

　ただし、伝言は受けたら終わりではありません。受けた伝言を不在者が戻ったら確実に伝えるところまでが、ミッションだということをお忘れなく。

途中経過を報告する

43

✕ 順調です。

仕事の順調さをアピールしたつもりでも、これでは報告にならない。あいまいでひとりよがりな印象を与え、相手を不安にさせてしまう。

✕ ～は、こうなっています。～は、こうです。

順番にひとつずつ説明するのは時間がかかり、わかりにくい。

✕ ○○ということがありましたが、～だと思います。

報告するときに大切なのは、事実を伝えること。主観は不要。

○ ひと言、ご報告させてください。

忙しい上司に、今のうちにどうしても報告しておきたいときに使えるフレーズ。相手と目が合ったタイミングで切り出す。そして「お忙しいところ、ありがとうございました」と、忙しい相手を気づかうことも忘れずに。

○ 資料作りが木曜日までかかりそうです。

報告の最後には、指示された仕事がどのくらいで完了しそうなのか、その目処《めど》を伝える。

◯ ご指示いただいた２件について、ご報告いたします。

前述のフレーズに続けて「１件目は、○○まで進みました。２件目は……」と詳細を話せば、わかりやすい報告になる。

◯ 先方からの連絡待ちで、今週中には結論が出ます。

仕事を進める責任はあなたにあっても、最終的な責任はあなた一人のものではなく、上司や会社にある。そのため、仕事の途中経過を報告する義務がある。結果が出ていない仕事は、週の区切りやひとつの作業が終わった際など、タイミングのいいときに途中経過を報告する。

アドバイス

途中経過の報告は、現状とおうかがい

仕事が長引いていたり、方針変更が必要だったりしたら、途中経過を報告します。「○○の件ですが、現在、ここまで進みました。この先ですが……」と現状を報告し、「このやり方で進めてもよろしいでしょうか？」とその仕事の関係者におうかがいを立てます。

「資料作成が終わったので、さきほど○○さんにメールさせていただきました。お目通しを願えますか？」と、小さなことでも報告すれば、先の流れが見えて、相手も動きやすくなります。区切りがついたら、そこまでのことを報告しましょう。

44 悪い結果を報告する

× 最悪なことが起きました！

上司を驚かせるだけで、何も伝えられていない。

× 申し訳ございません、申し訳ございません。

謝るだけでは、悪い結果への対応策が打てない。社会人としてはあまりにも幼い印象。

× どうしたらいいでしょうか？

これを言うと「自分で考えなさい」と上司に叱られるパターン。上司の判断を仰ぎたければ、「私はこうしたいと考えておりますが、いかがでしょうか？」とまず投げかける。

× ○○の件ですが、こちらでは間違いなく手配したのに……。

言い訳をしているだけ、という印象を与えてマイナス。「ご迷惑をおかけして申し訳ございません」と、まずお詫びをする。どうしても伝える必要のある状況説明は、この謝罪の言葉のあとに言う。

○ ○○のプレゼンですが、他社の企画に決まってしまいました。

悪い結果ほど、結論を簡潔に最初に述べる。

○○の件で、先方からクレームがありました。対応策は……。

悪い結果も、まず結論、次に対応策、必要に応じて経緯を伝える。対応策の前に経緯を伝えてもいいが、せっかちな上司だと、対応策を先に知りたがることもある。

不注意で申し訳ございませんでした。

ミスしたときの報告とお詫びのフレーズ。「きちんと確認せず、申し訳ございませんでした」も同様。

今後はこのようなことのないよう気をつけます。

このフレーズに「提出前に再確認いたします」のように、どう気をつけるかを具体的に添えたい。

悪い報告は結果から伝える

切り出しにくいからこそ、結論から報告して、対応力の高さをアピールしましょう。悪い結果は変えられませんが、対応力で対処は可能です。

「Ａ社から納品の期日に遅れた件で、クレームをいただきました。申し訳ございません。私が先方との確認を怠ったせいです。商品を手配したので、１日遅れの納品になります。Ａ社には、至急、その旨を連絡いたします」と、結論から事実を伝え、結論→経過・理由→対処法の順で報告します。

仕事を教える 45

× えっ。ここから教えるの？／この仕事何年やってるの？

相手の意欲がなくなる言葉。相手の能力を否定するのではなく、仕事のスキルを注意するようにしたい。「この仕事で気をつけたい点は……」と、視点を“仕事”にする。

× 前にも教えた気がするんだけど。

相手が仕事をなかなか覚えられなかったとしても、教える側が口にしてはいけないフレーズ。

× そのくらいは自分で考えて。

新人や部下の意欲をはねのけてしまう言葉。言われた側は「きちんと説明してもらっていないから、質問したのに」と不満に思う。

○ こうしたほうが早くできるよ。

何度教えてもわかってくれない相手には、「こうしてみない？」と方法を提示する。

○ どの部分の説明が必要なのか、よければ教えてもらえる？

相手に質問すれば、問題点が明確になるため、何を教えればいいのかが見えてくる。

○ ポイントを説明するね。この仕事で大事な点は……。

仕事を教えるときは、手順ややり方だけでなく、仕事のポイントやゴールを伝えるようにすると、部下が仕事の仕上がりをイメージでき、教わった内容への理解がより進む。

○ 三つのことを伝えるね。

教える仕事内容がいくつあるのかを最初に伝えることで、相手が内容をつかみやすくなる。

○ 私は、こうやって覚えたんだけど。

「参考までに」のひと言を添えて使えたいフレーズ。相手にその仕事の覚え方のコツを教えるのもよい方法。

“一番大事なこと→詳細”の流れで伝える

あなたがわかっていることを、わかっていない相手に教えるときは、思いやりが必要です。

思いやりとは、相手の目線で教えるということ。たとえば教わる側は、同じことを何度も聞けない、と感じています。だから教えるときは、「メモをとりながら聞いてほしい」「わからないことがあったら質問してほしい」と最初に伝えます。そして、“一番大事なこと→詳細”の流れで伝えます。

伝え終えたら、「今のこと、あなたの言葉で確認してもらってもいい？」と相手の理解度を確認すると、おたがい安心です。

指示を出す

×もし、手が空くことがあったらお願い。

このような気をつかったひと言は、かえって逆効果になることが多い。仕事は期限が重要なので、指示を出すときは「いつまでに」と期限を明確に伝える。

×とりあえず、やってみてくれる？

抽象的な指示はやめたい。相手に伝わらないし、相手のやる気まで奪ってしまう。先輩なら指摘と評価をあわせて伝える。

△変更してもらわないといけないかも。あ、やっぱりいいか。でもなぁ……。

指示を出すときは遠慮がちに伝えるより、明確に言うほうが伝わる。「この点を、こう変更してもらえる？」とはっきり伝えるほうが相手を混乱させずに済む。

△この方法でやり直して。

ストレートな指示出しは、相手のタイプによっては、「先輩、わかりやすくて好き」と思われ、効果的な場合もある。
ただし、指示の言葉のあとに「よろしくお願いします」「期待してるね」など、相手の気持ちに寄り添う言葉を付け加えないと、強引さを感じさせてしまうことも。

○ ～してもらえる？

依頼の形で伝えるのがベスト。

○ ～までにお願いできる？

“指示内容は明確に。でも、言い回しはソフトに”というのが、指示出しで成功するコツ。指示内容を重く感じさせないよう後輩に伝えたければ、口調をソフトにする。また、険しい表情にならないように気をつけたい。

○ この仕事は～がポイントだから……。

仕事の目的やゴール、出来上がりのイメージを伝えながら指示を出したい。「この仕事はA社の担当さんに気に入っていただくことがポイントだから」と指示の際に伝えると、後輩が仕事を進めやすくなるし、仕事の精度も上がる。

仕事の指示は道案内の要領で

道案内は、まず所要時間、大事なポイントを伝え、質問がないかを相手にたずねます。仕事の指示を出すときも、この要領なら、相手が仕事を間違いなくとらえることができます。

「この書類は、△日の企画会議で使うものなの。修正のための時間がほしいから、○日の夕方には完成させてほしい。作成するとき、気をつけてほしいポイントは、次の三つ……」と説明したら、最後に「質問はある？」と後輩にたずねてください。これで“伝えミス”を防ぐことができます。

指示を求める・質問する

47

× やり方がわかりません。

上司や先輩に教えを請うても、この言い方では丸投げや、仕事放棄というマイナスの印象を相手に与える。

× どのようにしたらよろしいでしょうか？

相手から「少しは自分で考えなさい」とあきれられてしまう。「以前、似たケースではこのように進めました。今回もその進め方でよろしいでしょうか？」のように、自分のわかる範囲でできそうなことを伝えたうえで指示を仰ぐのが賢い方法。相手はあなたの意欲と、どの程度仕事への理解ができているかを判断できるというメリットがある。そして何より、たんに指示を求めるより、信頼される点が大きい。

× この仕事をなぜ私に？

忙しい上司に「めんどくさい」と思われるフレーズ。

× わからないので、教えてください。

相手の指示を仰ぎたいのなら、「教えていただきたいのは○○の点です」と、知りたい点を明確にする。

○ お忙しいところ、申し訳ございません。

上司にゆとりがなさそうなときは、このフレーズで恐縮している思いを伝える。

◯ 勉強不足で申し訳ございません。

はじめて取り組む仕事や前からの業務を新たに展開させるときに使えるフレーズ。

◯ 私の勘違いでしたら申し訳ございませんが……。

数字が合わない、相手自身のしたミスに気付いてほしいときなどに使う。

◯ このような進め方を考えていますが、いかがでしょうか？

自分の考えを話してアドバイスをもらうスタイル。最後は「ありがとうございました」のお礼で締める。

失礼にならない言い回しをタイミングよく

　相手が忙しそうだから切り出しにくい、前にも教えてもらったことだから聞きにくいなど、質問しにくい理由が頭の中に浮かぶことがあります。

　でも、そのときはこう考えましょう。「自己判断で進めたあとで上司に迷惑をかけるのと、今質問するのとでは、どちらが迷惑をかけずに済みそうか」。

　仕事はあなた一人のものではありません。だから質問をせずに進めて周囲に迷惑をかけないためにも、失礼にならない“質問”の言い回しを、ひとつでも多く身につけましょう。その言葉があなたの仕事を前進させます。

48 ねぎらう

✕ 何かあった？急にやる気が出たよね。

相手の過去の姿を否定しているように聞こえるのでNG。

目上の人へ

✕ がんばっていらっしゃいますね。

目上の人をねぎらうのはNG。たとえ言い方がていねいでも失礼になるので気をつけたい。

△ このままがんばってね。

やる気が出てきた後輩に対してこのフレーズでは、後輩にしたら、突き放されたような感じを受けることもある。

△ これだけ努力しているから、結果が出るといいね。

結果にふれながらのねぎらいに注意。それが、さらなるやる気に結びつく人もいるが、「結果を期待されているから、ねぎらわれた」と感じる人もいる。「がんばっているね」だけでも、気持ちは十分伝わる。

◯ ○○さんにお願いして本当によかった。

このフレーズに「お疲れさまでした」「ありがとう」を添えてねぎらえば、後輩のやる気が育つ。

○ 昨日もかなり遅くまで がんばっていたね。

こうねぎらわれたら、後輩も自分の努力が評価されてうれしい。「そうなんです。相当がんばりました」と、自分の思いを語りやすくなる。そうしたらあなたは、「そうだよね」「すごいよね」と受け止める。これが後輩のやる気を育てるねぎらいのコツ。

○ こういう見方が できるようになったんだね。

仕事を続けていくと、人は成長する。前にはできなかったことができるようになったとき、さりげなくねぎらいの言葉をかけたい。それが相手の意欲につながっていく。

相手の立場に立った ねぎらいの言葉を

「お疲れさまでした」。このひと言だけでも、言い方を工夫すれば、十分に気持ちが伝わります。そのコツは、次の三つ。①相手の顔を見て言う、②お辞儀しながら、③「疲れさま」という箇所を意識して、半音上げる。短い言葉でも、言い方を工夫すれば、気持ちが相手に伝わります。

さらに「寒い中、お疲れさまでした」「ハードな仕事だったようですね。お疲れさまでした」「あなただからできたんですよね」と、相手の立場に立ったねぎらいの言葉を付け加えられればベストです。

49 ミスをした後輩をはげます

× ダメじゃない。

叱咤《しった》激励《げきれい》しているつもりでも、落ち込んでいる相手はデリケートな状態。このように相手を追い込む言葉はNG。

× 次、がんばりなよ。

「どうしよう」と悩んでいるところに、さらにあなたのこのフレーズ。あなたははげましたつもりでも、相手にとっては追いうちをかけられたかのように感じてしまう。

△ 大丈夫だよ。

相手によっては「突き放された」かのように感じることも。「平気だよ」も同様。根拠のないはげましは、親身になってくれていないというイメージを与えることがある。

△ 私も以前こんなミスをして……。

共感し合いたいと思うために「私もこんなことがあって」と自分の話を持ち出すことがある。ここで気をつけたいのは、相手と同じフィールドに立つのはよいが、自分の過去の話を延々と続けないようにすること。

○ 私でよかったら、何でも聞くよ。

あなたのはげましで、相手を孤立させずに済む。

◯ でも、それはチャンスになるかもしれないね。

相手が「叱られた」と落ち込んでいたら、まずは「それはいやだったね」と相手の気分が落ち着くまで、そのまましばらく聞き役になる。そして相手の気持ちが落ち着いたら、こう言ってはげます。

◯ きっとやりきれない思いだよね。

「きっと」をつけて、相手の思いを代弁する。共感しながらはげます方法。

不安を取り除く内容をフレーズに取り入れて

　はげますために「大丈夫だよ」「気にしないで」といった言葉を、ついかけたくなります。

　もちろん間違いではありませんが、たんに「気にしないで」より、「気になると思うけど、先方に謝って解決できたから気にしないでいいよ」と、はげましの根拠を示したほうが、より相手の心に響きます。

　ミスした後輩の心の中は、自己嫌悪、後悔といった複雑な思いが混ざった状態です。「後輩が気にしていそうな点が収束した」といった内容を含めてはげますと、後輩の不安な思いがおさまりやすくなるのです。

落ち込んでいる後輩をはげます 50

× 暗い顔して、何？

あまりにストレートすぎる。友達になら言ってもいいが、後輩だと、注意されたと感じることも。

△ あなたらしくないね。

言われた側によって、とりかたが変わってくる。素直に受け入れられる人もいれば、非難されていると感じる人もいる。

△ どうしたの？

ストレートに相手から落ち込みの原因を聞くのは避けたい。相手と親しい間柄ならOK。

△ 大丈夫？

相手に「大丈夫？」とたずねると、“大丈夫です、と答えなくては”と思う人もいることを知ったうえで使いたい。

○ いつもと違うみたいだけど。

落ち込みの原因を話したければ、相手のほうから話してくれます。それよりは、相手を心配していることをやんわりと伝える。

○ 少し元気がなさそう。

相手が落ち込みを吐き出すきっかけをつくれる言葉。

◯ どうしようね。

これはあなただけの悩みではなく、私たちの悩みだよ……という思いを相手に伝えるフレーズ。
この「どうしようね」は、悩んでいる相手のことを一人にさせない言葉として有効。

◯ 何か心配ごとでも？

あくまでも、はげましのきっかけのフレーズなので、やさしい口調で伝えたい。

◯ 私で、できることがあれば……。

近くに応援者がいると伝えることで、相手ははげまされる。

ときには沈黙の
コミュニケーションも大切

落ち込んだ後輩をはげますには、「隣に座ってもいい？」「なんだか様子が違うみたいだけど」と、さり気なく相手にアプローチします。

相手があなたを受け入れてくれたら、何も言わずに相手の側に寄り添ってあげてください。ときには相手の沈黙に付き合うことも大切。無理に聞き出そう、はげまそうとせず、相手が何か話し出すのを待ってみましょう。

そして相手が話し出したら、「そうなんだ……」とあなたはあいづちだけを打ってください。相手に思いを吐き出させることで、あなたは十分、相手をはげましているのです。

仕事の悩みを聞くとき

51

×じゃあ、こうしたら？

まずは黙って聞く。途中で意見を言っても相手にはそれを受け入れるゆとりがないため、意見は求められたときに言う。

×いつまでも悩んでいるなんて、あなたらしくないよ。

優しい気持ちからの正論であることはわかるものの、相手にしてみれば「私の気持ちも知らないで」と感じることもある。あなたの意図が伝わらないかもしれない。

○いろいろあるね。

このあいづちで、相手の気分はひとまず落ち着く。他人に共感してもらえれば、相手が悩みをこぼす目的の半分は、達成されたようなもの。

○わかる（わかります）……。

相手の話を聞きながら、「わかる（わかります）……」とあいづちを打ち、相手の話を受け止める。相手が思いを吐き出しやすくなる。

○あなたはがんばってるよね。

相手に必要なのはこんな共感の言葉。

◯ そういう考え方もありますね。

相談を受けてあなたの考え方が違うときは、意見の違いをニュアンスで伝える。相手の意見も否定しないけれど、自分の意見は違うのだという二つのニュアンスを伝えられるフレーズ。

◯ よかったら、話しやすそうなところから話してみて。

相談ごとを切り出す側にしたら、「どの順で話そう」「どう話そう」と考え込んでしまうもの。相手のそんな思いを軽くしてあげられる言葉。

漠然とした悩みには共感のあいづちが有効

「仕事がうまくいかない」というような漠然とした悩みなら、「うん、うん」「そうなんだ……」と共感のあいづちを打つことだけを心がけましょう。途中で口をはさむと、相手の話したいことと違う方向に話がずれる場合もあるので、注意してください。

「取引先の担当者とうまくいかない」「企画書が行き詰まっている」といった具体的な悩みなら、相手から現状を聞き、問題点を二人で抽出しながら、話を進めましょう。「この点が問題では？　……だからこうしたら」と、問題点をひとつずつ解決していきます。

52 プライベートの相談に乗るとき

× どうして？

相手が思いがけない相談や悩みごと、ぐちを話し始めたときに、きっとあなたの頭の中には質問したい気持ちが次々と生まれてくるでしょう。でもあなたが質問することで、相手が打ち明けてくれた話の流れがストップしてしまうので、「どうして？」はのみ込もう。

○ そうだったんだね。

話をさえぎらず、相手に吐き出してもらう。それが相手の気持ちを受け止めることになる。アドバイスしたくてもひたすら聞き手に徹して、最後まで聞いたら、「そうだったんだね」と、受け止めたことを伝え返す。

○ わかるよ。

これも共感の言葉。あなたが相手を受け入れれば、相手もあなたの言葉を受け入れやすくなる。

○ 私でも、そうしたかも。

相手が後悔しているときに、共感したら使いたい。

○ あなたの気持ちがわかるだけに、つらい。

相手にあなたの共感を伝えられる言葉。

◯私もそう思う。

相手のことを認め、その背中を押せる言葉。話を聞いて、相手の気持ちが定まっているようなら、この言葉で背中を押してあげられる。

◯よかったら、話して気分を楽にして。

相手が切り出しにくそうにしていたら、このフレーズを使う。「誰にも言わないから安心して話してみて」も同様。ただし、この言葉の通りに秘密を守ろう。

相手の悩みが具体的なものか漠然としたものかを見極める

相談を切り出す側には、相談内容の大きさは関係ありません。相談ごとを切り出す側は、あなたが誠実に受け止めてくれるかどうかを気にしています。だからちょっとした内容でも、相談に乗るときは話をさえぎらず、最後まで聞いて相手を思いやります。

そのうえで、相手が具体的なアドバイスを求めていたら、的確なアドバイスをし、不安がっているなら不安を消すためのアドバイスをします。

そのとき、相手の表情を見て安心するのを確認したら、あなたの役目は終了です。

COLUMN 気をつけたい若者言葉①

～とか → あいまい表現

× 来週とかいかがですか？ → 来週はいかがですか？

別に→あいまい表現

× ○○さんの意見でも別にいいです。

→ ○○さんの意見がいいです。

～のほう → あいまい表現

× コーヒーのほうをお持ちしますか？

→ コーヒーをお持ちしますか？

～みたいな（に）／感じ → あいまい表現

× 私たちも参加しようか、みたいな感じです。

→ 私たちも参加しようと思います。

～的に→あいまい表現

× 私的には大賛成です。 → 私は大賛成です。

なにげに→あいまい表現

× 昨日は、なにげに営業をがんばりました。

→ 昨日は、営業をがんばりました。

なんか／とか → あいまい表現

× なんかエクセルとか苦手で。 → エクセルは苦手です。

一応 → あいまい表現

× 一応上司の許可はとっています。

→ 上司の許可はとっています。

～かも → あいまい表現

× パスタが食べたいかも。 → パスタが食べたいです。

ていうか → あいまい表現

× ていうか、○○って、結局なんですか？

→ ○○って、なんだったのですか？

第2章

ネガティブシーンにはこのコトバ

失態・ミスを詫びる

53

× あのー、すみません。

逃げずにきちんと歯切れよく話すのがコツ。ただ、「すみません」ではお詫びとお礼のどちらともとれるので、「申し訳ございません」と自分の至らない点を認め、誠意を伝えよう。

× 言われたとおりにしただけです。

たとえ事実でも、部下からこう言われて「そうですか」と認めるわけにはいかないのが上司というもの。そんな上司の立場を思いやり、注意を受けたときの第一声は「申し訳ございません」がマナー。

× どうしていけないんですか？

注意を受けた側が質問するのは、失礼なこと。悪気はなくても、上司の側はこんな質問を受けたらカチンとくるし、がっかりもする。

× 私はこういうつもりでした。

弁解や自己主張は言い訳にしか聞こえない。相手の神経を逆なでするのがオチ。

◯ あってはならないことでした。

ミスしたとき、「送信ミスなど、あってはならないことでした。たいへん申し訳ございませんでした」のように使う。

◯ 申し訳ございません。このような結果になりました。

きちんと謝ったあとは、結論を言う。そのあと、「早速このようにしたいと思いますが、よろしいでしょうか」と、対応策・解決策を話せば、マイナスの結果を最小限におさえることができる。

◯ 私の不注意でご迷惑をおかけいたしまして、申し訳ございません。

「私のミスでご迷惑をおかけいたしまして、申し訳ございません」もOK。内容に応じて使い分けたい。

お詫びの言葉＋対処法・改善策をセットで伝える

お詫びは「ご迷惑をおかけして、申し訳ございません」「たいへん申し訳ございませんでした」のように、言葉を重ねます。具体的には「申し訳ございません」に「ご迷惑をおかけして」「たいへん」といった言葉を加え、恐縮していることを伝えます。

詫びたら、「確認ミスが原因です。次回はこのようなミスをしないように……」と、改善策を添えることを忘れずに。ミスをしたら、対処法と改善策をセットで伝えるのが、賢い謝り方。逆に言えば、お詫びの言葉だけでは相手の信頼を得られないということです。

遅刻を詫びる

54

✕ ごめんなさい！　もうすぐ着きます。

本当は15分くらいかかりそうなのに、少なく見積もって連絡を入れるのは、相手のイライラをつのらせるだけ。心づもりの時間よりも長めに伝えておくのがコツ。

✕ できるだけ早くうかがいます。

到着時間は、「できるだけ早く」のように希望的観測で伝えずに、「10分後くらいには」と具体的に数字で伝える。

✕ 十分、間に合うはずだったのですが……。

電車の遅延など、ふいの出来事で遅れてしまい、悔しい気持ちはわかる。ただ、ここではそんな思いはあとまわし。とにかく相手にかけた迷惑をお詫びするのが先。

◯ ○時にはうかがえると思います。

平謝りしたあとは、到着時間の目安を伝える。相手が知りたいのは、あなたがいったい「何時ごろ来られるか」なのだから。

◯ お時間を作っていただきながら、申し訳ございません。

相手にかけた迷惑の大きさを認識していると伝えながら謝る。

○ 遅れまして たいへん失礼いたしました。 お待たせして申し訳ございません。

ビジネスシーンで相手を待たせてしまったら、このようにていねいに謝りたい。

○ たいへん申し訳ございませんが、 10分ほど遅れてしまうかと思います。

相手をどのくらい待たせてしまうかの時間は、見込みより長めの時間を伝えておく。相手にかける迷惑をさらに大きくするのを避けるため。

○ 待っていてくれてありがとう。

言い訳をしないで、まずは謝ったら、こんな感謝のひと言を。

まずはお詫びから！　気づかいの言葉でマイナスを取り返す

「遅くなって申し訳ございません」と、まず謝るのが必須。続けて「何かご迷惑をおかけしなかったでしょうか？」と職場にかけた迷惑を気づかい、具体的なことがあれば、「A社から連絡はなかったでしょうか？」との質問も忘れずに。

そして再び「ご迷惑をおかけしました。明日からこのようなことがないようにします。申し訳ございませんでした」と詫びます。このあと、「ご心配をおかけしましたが病院で薬をもらったので、元気に働けます」など、遅刻のマイナスを取り戻す前向きなフレーズを添えましょう。

言いすぎたことを詫びる

55

✕ 申し訳ございません。私は○○のつもりでした……。

相手の気持ちを吐き出させ、関係を修復させるのが謝罪の目的。自分の主張を延々と訴えるのはNG。

✕ お怒りですよね。

このようにたずねると、相手にあきれられてしまう。

○ 強い言い方になってしまいました。申し訳ございません。

言いすぎたことを素直に謝りたいときに使う。

親しい人へ ○ やだよね、私ったら。失礼なこと言って。ごめんね。

軽い内容ならユーモアにして訂正する方法もある。ただし、相手が親しい間柄の場合に限る。

○ ごめんね。さっきの言葉、いい意味にとってね。

思ったとおりには、言葉は相手に伝わらない。気持ちの行き違いを感じたら、謝るのと同時に「こういうつもりだった」と発言の意図を伝えることも必要。こちらも親しい相手に使えるフレーズ。

◯ じゃあ、これからは何でも言い合うってことで！

あなたが謝って、相手が許してくれたあとに使えるフレーズ。笑顔で今後につなげるひと言を言いたいときに。

ビジネスで ◯ 先日はたいへん失礼をいたしまして、申し訳ございませんでした。

不快な思いをさせて申し訳ないというお詫びの気持ちを、次に会ったときにも伝える。

◯ 暴言でした。申し訳ございません。

このほか、何気なく言ったことで相手を傷つけたときは「不用意な発言でした」「軽はずみな発言でした」なども使う。

自分の未熟さをていねいに詫びて

「言いすぎました。申し訳ございません」「生意気なことを申し上げ、失礼いたしました」のように、自分の未熟さをていねいにお詫びします。

ただし、言いすぎを相手に指摘されたのなら、前述のように謝ることができますが、困るのは、言いすぎに自覚がないとき。

ふだんから、言いすぎるタイプだと自覚があるならば、「言いすぎたかもしれません。失礼があればお許しください」と指摘される前に詫びておくことが、相手を不快な気分にさせないコツです。

丁重な謝り方

56

✕ どうかそんなにご気分を悪くなさらないでください。

相手を気づかったつもりのひと言で、逆に相手が不快になることもある。こういう気づかいよりも、まずは謝罪することが必要。

目上の人へ

○ お忙しいのにこちらの都合に合わせていただき、申し訳ございません。

相手が目上の場合や内容が深刻なときは、謝罪で始める。自分がへりくだり、相手を立てる。

○ ご迷惑をおかけいたしました。がっかりなさいましたね。

謝罪のあと、相手の心に寄り添えば、相手の気分が落ち着く。

○ 今後、指導に努めます。申し訳ございません。

部下のミスを謝るときに使えるフレーズ。

○ ご指摘くださいまして、ありがとうございました。

最後は感謝の言葉で結ぶと、謙虚さが伝わる。

ご迷惑をおかけして たいへん申し訳ございません。 すぐにお調べいたします。

謝罪と速やかに対応する旨を、同時に伝えれば好感度大。

誠に不行き届きで申し訳ございません。

こちらに非があるときは、このフレーズで謝る。「ごもっともでございます。誠に不行き届きで申し訳ございませんでした」のように使う。

誠に申し訳ございませんでした。 心からお詫び申し上げます。

内容の重大さに応じて、謝罪の言葉に深みをつけたい。

謝罪→事情説明→解決策→謝罪の順で

ていねいに謝るということは、過不足なくということ。だから話し始めと結びで謝り、途中に事情説明と解決策、今後のことを話します。「このたびは申し訳ございません。ご迷惑をおかけいたしました。心からお詫び申し上げます。実は私どもの不注意で……。早速、ご注文の品を手配し、明日の午後3時にはお届けにあがります。今後はこのようなことのないよう……。今回に限り、どうかお許しください。たいへん申し訳ございませんでした」というように、相手にかけた迷惑の大きさを想像しながら、謝ります。

クレームを受けたとき

× 違います。

相手のクレームに反論するかのような言い方はNG。

× その話はおかしいです。

こう言ってしまうと感情の行き違いが起きやすくなり、問題の解決にならない。

× ちょっと待ってください。

相手を落ち着かせようと、つい口にしがちなひと言。ところが、このひと言で相手の怒りは増長する。

○ せっかく～してくださったのに……。

「せっかくご利用くださったのに、ご不便をおかけいたしました」と、謝意を伝える。

○ ご迷惑をおかけいたしまして、申し訳ございません。

まずは迷惑をかけたことに対してお詫びする。これがクレーム対応の極意。

○ 納期はいつであればよろしいでしょうか？

お詫びしたら、苦情に対してどう対応するかも伝える。

◯ 納期が遅く、ご迷惑をおかけして申し訳ございません。

相手に迷惑をかけた内容を言いながら謝れば、相手は「自分のクレームが理解された」と安心する。

◯ たいへん恐れ入りますが、詳しく状況をお聞かせいただけますでしょうか？

相手が少し落ち着いたら、このフレーズを使う。相手の思いを吐き出してもらう目的と、あなたが対応策を考える目的の二つを満たすためのフレーズ。

まずは相手の不満を受け止めて

相手と対決するかのような言い方はＮＧ。たとえば、「もう一度ご説明いただけませんか？」「いつですか?」「具体的には？」と、謝る前に質問すると、相手の怒りを大きくしてしまいます。

また、責めるような言い方もNG。「そのような場合は、ふつう……」「今までそのようなケースはなかったので……」など、それがたとえ事実だとしても、口にするのは避けましょう。

クレームを受けたら、相手の話を聞き終えてから「貴重なご意見をいただきまして、ありがとうございます」と、相手の不満を受け止めるようにしてください。

上手に対応する

身に覚えのないことで責められた 58

目上の人に

× 弁解してもよろしいでしょうか？

このフレーズは、開き直っているかのような印象を与えることもある。まずは注意を受けた点について謝るのが先。

△ 申し訳ございません。さきほどのことで教えていただきたいのですが……。

謝罪後、しばらくたっても誤解を解きたい思いが強いとき、このフレーズをていねいに切り出す。ただし、これが使えるのはどうしても誤解を解きたいときのみ。

◯ 恐縮でございますが、それは○○のことでしょうか？

「それは○○です」といった断定的な言い方は、相手を傷つけるのでNG。疑問形でやんわり指摘するのがポイント。

◯ わかります。

どう考えてもこちらに落ち度がない。それでも、仕事上のお客さまには「どんな内容であれ、ノーは言わない」のがクレームに対応するベストな方法。

そのために、①「はい」と謙虚にあいづちを打ちながら聞く、②相手が納得するまで話を聞き、不満のもとを探る……というのが、円満なコミュニケーションを築く秘訣。

◯ たいへんご迷惑をおかけしております。至急確認して、ご連絡申し上げます。

相手の言い分を否定せずに謝罪し、原因を確認して対処する旨を伝える。こちらの言い分があれば、ソフトに伝える。

◯ おっしゃることは、ごもっともです。ただ……。

身に覚えのない場合は、相手の話を十分聞いたうえで、こちらの意見を言う。

◯ すみません、少し誤解があるようですが……。

相手の言い分を十分に聞いたあと、おだやかなトーンで切り出したいフレーズ。

こちらの弁解は相手に不満を吐き出させてから

「失礼ですが、○○さまの勘違いではございませんか？」と相手を責めると、話がこじれます。身に覚えがないと伝えるのは、相手の話がひと区切りついてからにします。

あなたには、まず知るべきことがあります。それは相手が何に対して怒っているのかということ。それを知らなければ、相手の誤解は解けません。

相手の話を聞き終えたときにはじめて、「ご迷惑をおかけいたしました。○○の件は実は……」と切り出します。責められたら、相手に不満を吐き出させるのが最優先。

相手の厚意を断るとき

59

✕ 興味がないので……。

正直すぎ。相手は「失礼な」と感じてしまう。

△ 大丈夫です。

手伝いを申し出てくれた相手には「大丈夫です」だけでは不十分。辞退で終わらせず、「大丈夫です。お気づかいありがとうございます」と、感謝の言葉を添えれば好印象に。

△ せっかくのお話なのに、申し訳ございません。

相手の厚意を辞退するときは気がひけるため、つい謝ってしまう。けれど断るときも「ありがとう」で結べば、後味がよくなる。

◯ せっかくですが、今回はお気持ちだけ頂戴いたします。

相手の思いをきちんと受け取る。そのうえで、お断りするのが礼儀。

◯ このお返事に、ノーはありですか？

「できません」とストレートに断ると角が立つ。だから相手におうかがいを立てる形にする。ごく親しい相手にだけ使えるフレーズ。

○ せっかくのお申し出ですが……。／ありがたいお話ですが……。

このような言葉を添えて断れたら、会話の上級者になれる。

○ お気持ちだけありがたく頂戴いたします。

やんわりとながらも、厚意を辞退する意思をきっぱり伝える。

○ せっかくお心配りしていただきましたのに……。

厚意を辞退するときは、「せっかく」という言葉を使って、相手の厚意を受け止めた、というニュアンスを伝える。

厚意を断る具体的な理由を添えて

「できます」「大丈夫です」では、相手の厚意に応《こた》えられません。たとえ断っても相手の気持ちに応えたいと思うなら、「ありがとうございます」のひと言が必須です。

「ありがとうございます。ただ、あと少しで仕上がりそうなので大丈夫です。お気づかいありがとうございます」と、心配してくれた相手に、厚意を受けなくてもよい理由を伝えましょう。

理由を具体的に伝えられるほど、相手とコミュニケーションがとれ、断ったこともプラスに働きます。

後輩のミス・失態を責める 60

× ちょっとー！

あまりにも素直なリアクションなので、相手を傷つける可能性が大きい。「誤解だったらごめんなさい」「気のせいかもしれないけれど」などと、できるだけやわらかい口調を心がけたい。

× ～してよ！

命令形はNG。「～してもらえると助かる」という言い回しを使いたい。
同様に、感情的に聞こえる「～ないと困る」「なぜ～したの」といった言葉も避ける。

△ このあいだも、似たようなミスしたよね。

このように前回のミスも絡めて責めると、相手があなたを遠ざけるようになる。「気をつけるように言っておいたのに」「なかなか進歩しないね」も同様。

○ 難しいから、多少はミスしても無理ないよ。次は……。

指摘する言い方ではなく指導する注意をする。「難しいけど、ここまでできているから、この部分だけ慎重にするといいよ。ここになったら、私にも見せてくれる？」など。

◯ この部分は～なんじゃないかと思うの。

強い主張は、語尾をやわらげて指摘する。「～かもしれない」も同様。

◯ この点とこの点さえ直せば、あとは完璧。

相手からしたら、「ここが違う」と言われるより、「ここさえ直せば」と言われるほうが、指摘を受け入れやすくなる。

◯ ○○さんには、この先の仕事をお願いしたいと思っているから、今回のつまずきは乗り越えてほしい。

相手への信頼の高さを伝えるようにできれば、指摘しても相手との関係が悪くならない。

一方的に責めるのではなく後輩を気づかって

「だから言ったのに」「どうして間違えたの？」「確認しなかったの？」。これでは後輩を追い詰め、あなたとの距離を広げてしまいます。「○○さんらしくないね」というフレーズも、気づかうつもりで逆に相手を傷つけることに。

「こちらの伝え方も不十分だったから」「あなたが一番動揺していると思うけど」と、後輩を気づかいながら、「このことを今後に生かすために、ふり返りをしたいんだけど」と、ミスをともに背負う気持ちがあることを、相手に伝えましょう。

やんわりとクレームをつける 61

× 何度も言ってるのになぜ○○してくれないの？

この言い方だと、クレームの内容うんぬんより、言い方そのものが相手を傷つける。

× まだできませんか？

「いつできますでしょうか？」「○日頃いただけそうですか？」と、速やかな対応を求める言い方にして伝える。

○ もう少し、○○していただけると助かるのですが。

クレームはあくまでもお願いスタイルで。不平で伝えないようにしたい。

○ こちらの勘違いかもしれませんが……。

切り出しにくいとき、前置きとして使えるフレーズ。

○ 違っているようなのですが……。

「商品が間違っています」とストレートに伝えずに、「お送りいただいた商品が違っているようなのですが、お調べいただけませんでしょうか？」とソフトな言い回しをする。

〇 誤解があったら申し訳ございません。

いったん自分に非があるように言うと、品よく聞こえる。

〇 何かの手違いかと存じますが……。

相手からの入金が確認できないなどの前置きで使う。

〇 たいへん困惑いたしております。

こちらの状況を伝えながら、内容を伝えるフレーズ。メールでもよく使う。

〇 失礼かと存じますが……。

「が」をつければ印象がやわらぐうえ、謙虚さも伝わる。ただし、使いすぎると誠意がないようにも感じられるので注意。

相手を責めず、おだやかに、簡潔に、がポイント

クレームは「思い切って申し上げますが」「申し上げにくいのですが」と、おだやかな口調で切り出してください。

本論に入って「何かの手違いかと存じますが、商品Aの納品が確認できていないのです。お調べいただけますか？」と、どんなクレームなのかを簡潔に伝えます。

そのうえで「何かの手違いではないかと存じますが」「すでにお送りいただいていたら、申し訳ございません」と、相手を責めない配慮をします。

結びで「よろしくお願いいたします」とお願いの形をとれば人間関係にもひびが入りません。

言いにくいことを言うとき 62

×　はっきり言いますけど。

この切り出し方が通じるケースは、まれ。内容を言う前に相手を身構えさせてしまう。

○　前にもうかがったのに、ごめんなさい！

相手に関するちょっとしたことを忘れたとき。それが、ビジネスではなくプライベートの場なら、明るく謝って切り抜けたい。

○　1点だけおうかがいしたいのですが……。

相手に、食い下がりたいときに使えるフレーズ。

○　今、思い出したんだけど……。

頼みづらいお願いをしたいときに切り出しやすくなるフレーズ。

○　さあ、どうでしょうか。

肯定も否定もできないときや、相手に同意を求められて、回答を避けたいときに使える。「この△△でいいですよね」と相手に同意を求められたものの、自分の意見は違うというときに「さあ、どうでしょう……」のように使う。

親しい人へ

◯ 今日は○○より△△の気分です。

同僚など親しい人へ「今日は○○がしたい」と伝えたいときに使えるフレーズ。相手に選択をゆだねているように伝えられる。遠慮して、自分の好みを伝えにくいときなどに、「今日は、社食より外で食事したい気分です」のように使う。

◯ ○○について確認したい点がございます。

上司や取引先が間違いや勘違いをしているときは、それを指摘しにくい。そんなとき、「違う点」「間違い」と言わずに、「確認したい点」と言う。

相手にとってプラスになる情報を添えて

頼んでいた仕事をほかの人に頼むときなど、相手の心情を察して伝えにくい場面があります。「今まであなたにお願いしていましたが、この件は次からAさんにお願いすることになりました」。これだけでは、相手をとまどわせることになります。

付け加えたいのは、次のような言葉。「あなたには、別の仕事をお願いしようと思っています。それは……」と、話の方向性を変える提案です。相手が後輩なら、「急な話で驚いたと思うけど、○○さんにとっても、チャンスになるのではと思う。そろそろ次の方向性を考えるのによい時期だと思うので」のように、相手にプラスになる話だと伝えるのも手。

63 催促する

× まだですか？

このようにいきなり催促すると、相手は不満を抱く。「今、どのあたりですか？」で切り出したい。

× 早くしてください。

「早くしてください」には、「のろい」「遅い」という批判的な意味がある。「早めにいただけると助かります」が正解。

△ お待ちしていたのですが……。

「そろそろ資料が着く頃かとお待ちしていたのですが……」のように、遠まわしな言い方は、ときに相手を責める口調に聞こえる。「資料をお送りいただけますか？」というストレートな言い方と、場合によって使い分けたい。

後輩に ○ がんばってるね。でももう少し急いでもらえる？

後輩は自分の仕事を認めてもらったことで不満を抱きにくくなる。後輩の仕事状況を確かめてから、このフレーズを続ける。

○ ○○の件ですが、今、どのあたりでしょうか？

こう話しかければ、相手も「今、ここまでできています」と、遅れを申告しやすくなる。

○ あ！　そういえば。

急に思い出したかのように言えば、相手に負担を感じさせにくい。

○ ご多忙のところ、
まことに恐縮ですが……。

低姿勢で相手の状況をたずねながら切り出せば、相手が恐縮して、あなたに協力的になる。

○ 先週末までにとの
お約束をいただいておりましたが、
いかがでしょうか？

やむを得ない事情があるのかもしれない。遅れを責めるよりも先方の状況をたずねることで、催促を一歩前に進められる。

問い合わせやお願い
という形で催促を

　同僚や後輩への催促なら、気づかいの言葉を使いながら、「お疲れさまです。○○の件だけど、今、どのあたりまで進んでる？」などと催促します。

　ただし上司に催促するときは「資料にお目通しいただく件ですが、本日中に取引先にメールすることになっておりますが、いかがでしょうか？」と、やんわりと、問い合わせやお願いという形で催促したいものです。「まだでしょうか？」「いつできますか？」とストレートに催促するのは、上司には失礼なので気をつけましょう。

注意する・指摘する

64

×なぜ間違えたの？

注意するのは「よくないこと」ではなく「大切なこと」という価値観に変え、伝え方に工夫したい。そのための方法として、責めるのではなく、「迷った点はある？」などと相談に乗るニュアンスを心がける。

×○○がされていないと困る。

遠回しな言い方はかえって嫌みになることも。相手が注意されていることに気付かない場合もあるので注意。

○（問題を）一緒に考えようか。

提案スタイルで、相手への共感から入る。

○そう考えたんだね。

ミスをした後輩にはつい「ダメじゃない」と責めてしまいがち。けれど、すでにミスをしてしまったのだから、このように後輩のミスを受け止める。そして「この場合は、このやり方が早いよ」と具体的なアドバイスを付け足す。

○あと○分で仕上げてもらえる？

仕事の遅い後輩に「だから、そのやり方じゃダメだと言ったのに」「この前もたしか遅かったよね」と、ネチネチ叱るのはNG。何をどうしてほしいかをシンプルに伝える。

○ルールだから。

仕事上でのルールということを伝えれば、角が立たない。

○たいへんだと思うけど。

相手のがんばりを認めていること、見守っていることを伝える。

○なるほどそれはいい考えですね。でも、ほかにもいい考えはないでしょうか？

自分の指示と違う答えが返ってきたら、このフレーズで方向性を変えられる。

感情的になるのはNG。注意は指導のつもりで

感情的にならずに、ミスの部分だけを注意しましょう。同じミスが何度も続くと、つい「どうして何度も間違えるのかな」と言いたくなることもあります。

とはいえ、注意することは相手のやる気をそぐことではなく、次からミスしないように指導することだということを忘れずに。

たとえば「この部分、数字が違っているからやり直してもらえますか?」「企画書の○○が足りないので、至急確認して、今日中に再提出してもらえますか?」と、何をいつまでにどうしてほしいのかまで伝えましょう。

65 態度・身だしなみ・行動を注意する

遅刻

✕ どうして（規則を）守れないの？

「どうして」を使って責めると、嫌味っぽく聞こえる。

✕ 遅刻するのは、たるんでいるせい。

相手を責める口調は反発を招くことのほうが大きく、実は効果が薄い。

身なり

✕ もう少し地味に。

これでは目安がわからない。「これはOK、これはNG」と、雑誌などを見せて説明するか、「髪の色は瞳の色と同じくらい」と、客観性のある言葉で、たがいの認識の違いを近づける。

✕ 最近感じていたんだけど……。

「髪は後ろで束ねてください」のように、その場でシンプルに伝えたほうが相手に伝わる。

✕ ○○さんを見習って。

人と比較されるほどいやなものはない。注意で第三者と比較するのは、最も嫌われるパターン。

○ このほうが、あなたのよさがひきたつと思う。

愛情からの注意なら、相手にあなたの真意が伝わる。

◯ ちょっと相談したいことがあるんだけど。

切り出しにくいことを切り出しやすくするフレーズ。相手に警戒心を与えずに向き合うこともできる。

◯ そういえば、ひとついいかな。

さりげなく注意したいという場面で。ついでを装って伝えることができる。

◯ あなたのことを誤解する人もいると思う。

直さないことで、その人に及ぶマイナス点を示すと効果的。「このような態度が続くと、あなたのことを誤解する人もいると思う」のように使う。

注意点＋改善策をセットにして具体的な指摘を

同じことを何度も注意するのは、つらいもの。だから具体的に指摘しましょう。「2日続けての遅刻なので、明日からは8時10分には出社してください」と、相手が同じことで失敗しないよう、注意点と改善策をセットで伝えるようにします。

身だしなみの注意は、文字やビジュアルを見せて話すと、改善に向かいやすくなります。「会社の規定で髪の色はこうなっているので、これに合わせてもらえますか」と、相手の心情を気づかううえでも、目を見て伝えましょう。

66 面倒なことを依頼するとき

× どうしてもお願いしたいのです。

自分の思いだけを伝えても、相手の心は動かない。とくに面倒なことを依頼する場面では、このような訴えだけではNG。

△ 忙しいところ、本当に申し訳ないのだけれど……。

前置きをつけると、「面倒なことをやらされるのでは」と相手に感じさせることがある。
気をつかわない相手になら、「これ、お願い！」と、さらっと頼むのも手。

○ ○○さんにお願いすると、上手だから。

相手によっては、ヨイショするのもよい。

○ ご負担をおかけすることになり、申し訳ございません。

相手に迷惑や負担をかけたことを、丁重に詫びる。

○ ご一考いただけると幸いです。

新しい仕事を依頼するときなどに使うフレーズ。「今回の企画の件、ぜひご一考いただけると幸いです」のように使う。

◯ ご面倒をおかけいたしますが……。

ふだんとはちょっと違った要求をしたいときに使う。

◯ 折り入ってお願いがございます。

主に、プライベートなお願いごとをするときに使う。

◯ ぜひ、お力添えいただきたいのですが。

相手の力量を頼みにして、依頼するときに使う。

◯ お手をわずらわせて恐縮ですが……。

相手への配慮を伝えるフレーズ。

◯ ぶしつけなお願いで恐縮ですが……。

唐突な感じを与えずにお願いできる、ていねいな頼み方。

相手の力添えが必要だということを強調

「今日は○○の件で、お願いに上がりました。実は……」と仕事内容を伝え、「ぜひお力添えいただけないでしょうか」「お知恵を拝借できませんでしょうか」などと、相手の力量を頼みに、仕事を依頼する旨を相手に伝えます。

さらに「この部分は、私どもで資料を用意させていただきます」「この部分は、私どもで得意な者がおりますので、企画の段階から参加させていただきます」と、依頼側でもできることを申し出ましょう。

67 無理を承知でお願いするとき

× イメージと違っているので、やり直しをお願いします。

「イメージと違っている」や「なんとなく違う感じがするので」のような、あいまいな表現では相手に伝わらず、頼まれた側を困惑させる。

△ ぜひ、～してください。

依頼する内容の負担が相手にとって重い場合、この言い方では軽すぎる。「ぜひご検討いただけないでしょうか？」のように、「いただけないでしょうか？」を使って丁重にお願いする。

◯ ～だと、難しいですよね？

期限や内容から相手に無理をお願いしたいとき、相手の顔色を見ながら、使うフレーズ。

◯ ○○の部分について、修正をお願いいたします。

具体的に指示したいときに使えるフレーズ。

◯ ～ではいかがでしょうか？

相手に選んでもらうスタイルにして依頼する。相手を尊重しているという心づかいを示せる。

○ ご無理は重々承知しておりますが……。

やわらかい表現にして、相手の事情を思いやる。

○ なにとぞご了承のほどお願い申し上げます。

相手の理解を得たい旨を伝えながらお願いする、大人のフレーズ。

○ そこをなんとかお願いできないでしょうか？

断られても、粘って再度お願いするときのフレーズ。「あなたのご意思は理解していますが」のニュアンスが含まれる。

具体的な評価や理由を述べると相手も納得

「ご無理を承知でお願いに上がりました」で切り出したら、「この企画をお願いできるのは、この分野の第一人者であるA社さんをおいてほかにはございません。どうかご検討いただけませんでしょうか」と、そこまでしてお願いしたい理由を伝えます。

相手の実績、強みを挙げて依頼することで、熟慮の結果の依頼であること、実績評価の結果であることが相手に伝わります。

「A社さんに断られたら、もうほかにお願いするところがありません」では、相手に失礼です。

相談ごとを切り出すとき 68

× ご相談したいことがあるのですが……。

相談を切り出す前に、「○○の件で」「10分ほど」など、内容かおおまかな所要時間を伝える。すると相手が今、相談に応じられるかどうかの判断ができる。

○ 至急、ご報告がございます。

「至急」という言葉で、今、相談したいことを伝える。

目上の人へ ○ 恐れ入りますが……。

目上の人に意見を求めたいときは、用件の前後に「恐れ入りますが」を添える。「恐れ入りますが」は、切り出すときに便利な言葉。

○ お知恵を拝借したいのですが……。

相手から時間と知恵とをもらうのだから、それを気づかう前置きをつけたい。「お忙しいところ申し訳ございませんが……」も同様のフレーズ。

○ ここまでこのように考えましたが、この先のことで迷っています。

相手に100％頼るのはNG。「どこがどうわからないのか」「どこまでできたか」を相手に伝えることが大切。

◯ ○○についてアドバイスをいただきたいのですが……。

まず、相談したい点を予告する。また、「この問題のこういう点をご相談したいのですが」と言えば、ほしい答えを相手からもらいやすくなる。

◯ 折り入ってご相談したいことがございまして……。

「折り入って」は込み入った問題を相談するときに使えるフレーズ。この切り出しで、相手は、簡単な話ではないと予測できる。

アドバイス

あなたの気づかいによって相手の対応も変化

いきなり本題ではなく、「お仕事中、失礼いたします」と切り出します。この気づかいができるかどうかで、相手の対応も違ってきます。

そして「○○商事の打ち合わせの件でご相談したいのですが、10分ほどお時間をいただくことは可能でしょうか？」のように、相談の中身、かかりそうな時間を示し、相手が予定を立てやすくなるよう配慮します。

相手に忙しいと言われたら、「かしこまりました。それではご都合のよいときに、お声をかけていただけますか？　お忙しいところ申し訳ございません」とおうかがいを立てます。

断る

69

誘いを断る

× おもしろそうですね、考えてみます。

「楽しそうですね」「おもしろそうですね」とワンクッションおくと、「行く気がありそう」と相手は期待してしまう。

× ほかにどんな人がくるのですか？

メンバーをたずねてから断るのは失礼。

× 行かれません。

あまりにもストレートすぎる。「行かれない」「無理」「都合が悪い」は、相手に嫌な響きとして受け取られるおそれがある。「あいにくですが」「残念ですが」を添えて使う。

△ お誘いありがとうございます。
ただ、その日は残念ですが……。

感謝の言葉で始めれば、角が立たない。

○ ○○さんとご一緒したかったです。

最初に誘われたことのうれしさを表現する。そのあと、「あいにく、今回は仕事の予定があって」「前からスケジュールが決まっていて」など、やむを得ない理由を述べる。

○ 今回は見送らせてください。

「この件に関しては」のニュアンスで、断りがソフトになる。

仕事の場面

◯ ほかのことでお役に立てれば。

あいまいにしないほうが、かえって相手のためにもなる。「お気づかいはうれしいけれど、このことにあまり興味がなくて」「お受けしてかえってご迷惑をおかけしては」なども上品なフレーズ。

◯ これに懲りず、またお話をいただけましたら幸いです。

これからも相手と、よい関係を保ちたいことを伝えながら断る、大人のフレーズ。

仕事を断るときは代案を提案

頼まれた仕事に「ノー」はありえません。それが会社のルール。とはいえ、無理な仕事ならどうしても断りたいときもあります。そのときのために、代案を提示して断る方法を覚えておきましょう。

「申し訳ございません。その仕事は、私では経験不足かと思います。お引き受けして逆にご迷惑をおかけしては申し訳ないので、お断りしたいのですが……。ほかのことでお役に立てることがあれば、ご指示いただけないでしょうか」。もちろん、こう言って新たに指示された仕事は断らずに挑戦したいものです。

70 結論を先延ばしにする

× 今、結論を迫られても無理です。

あなたの思いをそのまま口にしただけでは、大人としてNG。

取引先で

△ 無理だと思いますが、一応、上司に聞いてみます。

素直な気持ちを口にしすぎ。「無理だと思う」「一応聞いてみる」が、相手をバカにしたかのような印象を与えてしまうこともある。

○ 検討してみたいと思います。

答えはノーだが、相手のことを思うと、その場ではノーが言いにくいときに使う。

○ わかりました。社に戻って検討させていただきます。

「わかりました」＋「検討させていただきます」で、相手の意向を受け止めてから保留のフレーズを使う。

○ ご返事は営業とも相談したうえで、ということで……。

その場で断らずにワンクッションおくことで、相手を立てたいときに使う。

◯ お話は、よくわかりました。

即答を避けながらも、相手の思いを受け止めたことが伝えられる。

◯ 3日後に正式なご返事をさせていただきます。

答えを出す日を具体的に明示することも忘れないようにしたい。

◯ こちらの条件ですと、少々難しいかと存じますが……。

承諾が難しいというニュアンスを「少々」「難しいかと」「存じますが」の三段階でやんわり伝える。

おうかがいは相手の意向をたずねる形で

自己判断で返事ができる問題なら「社に持ち帰らせていただきます」「今週中にご返事させていただきます」。自分一人の判断では決められない問題なら「社に戻って上司に相談させていただけますか？」と、相手の意向をたずねる形にしましょう。

ただし、先延ばしにして答えがノーになりそうなら、「上の者に相談させていただけますか？　ただ、よいご返事ができない可能性があります。申し訳ございません」と、エクスキューズを添えておきましょう。返事を延ばすことは、その間、相手に期待させることになるからです。

辞退する 71

× 困ります。

あまりにストレートすぎ。この言葉では辞退は認められない。

仕事の場面

△ せっかくですが……。

辞退のフレーズのひとつではあるが、仕事の場面なら語尾まできちんと伝えたい。「せっかくですが、今回は辞退させていただければと存じます」ならベスト。

○ 申し訳ございませんが、このお話は、辞退させていただきます。

辞退の言葉を言うのはつらい。けれど辞退された側はもっとつらい。相手の熱意に応《こた》えるために、このフレーズを使う前に相手の説明を受け止めたい。

○ 別の方を当たっていただいたほうが、よろしいかと……。

こうは言っても、そのときに具体的な適任者の名前を言わないのが一般的。

○ ご理解いただけるとありがたいです。

こう結べば、辞退が決定事項であると相手に伝わる。

身に余るお話ですが。

引き受けるには荷が重すぎることを頼まれて辞退するときに。

たいへん光栄に存じますが。

感謝の気持ちを表しながらも大役を断りたいときに。「たいへん光栄に存じますが、私では力不足かと存じます」のように使う。

私など、とてもその任ではございません。

「経験の浅い私など、とてもその任ではございません」のように使う。

「お気持ちだけ、ありがたく頂戴いたします」は万能フレーズ

「お気持ちだけ、ありがたく頂戴いたします」は覚えておきたいフレーズ。接待や贈り物、相手の手伝いの申し出を辞退するときなど、幅広い場面で使えます。

また、何かの役を辞退するときは、「チャンスをいただきまして、ありがとうございます。ただ、今年は出張が多いため、みなさんにご迷惑をおかけすることになりそうなので、辞退させていただけたらと思います」と、言い回しはていねいながらも、きっぱりお断りするようにしましょう。

別の意見を伝える

72

× そうじゃなくて……。

相手の意見を全否定するこの言い方では、あなたの意見も相手に受け入れてもらえない。

○ そうですね、では次の点はどう考えますか？

相手の考えを肯定してから、自分の意見を提案として伝える。「反対」「違う」という言葉を使わずに、違いを感じよく伝えられるフレーズ。

上司に指摘

○ ～かと思うのですが、いかがでしょう？

上司の勘違いを指摘しなければならない場面では、機嫌を損ねたり、生意気だと思われたら困る。
それを避けるには、ソフトな表現を使いつつ提案の形にするのがコツ。

○ ○○ですが、もしかしたら……。

やんわり伝えれば、上司の機嫌を損ねることがない。

○ 基本的には賛成ですが、……。

ノーをぼかして言いたいときに、使えるフレーズ。

○ 申し訳ございません。ひと言申し上げたいのですが……。

謙虚さを全面に出しながらも、自分の意見を言いたいときに使う。

○ 大筋ではそうかもしれませんが……。

やんわりと指摘する大人の言い方。

○ おっしゃることは、ごもっともとは存じますが……。

まずは相手の意見を尊重したうえで、自分の意見を伝える。

アドバイス

反論するときは相手の意見を肯定しながら

意見するときは“相手の許可を得てから”。そうしないと分が悪くなります。

相手に「○○のことで気付いたことがあります。お話ししてもよろしいでしょうか？」と切り出しましょう。相手の許可が出たら、「別の方法、たとえばB案で進める方法もあるのでは、と考えました」と、本題に入ります。

反論は相手の意見をのみ込みながら、がポイント。「その案をさらによくするために、私は次の案を考えました」「たしかにその案もよいと思いますが」と、相手の意見を肯定しつつ反論することを忘れずに。

73 断られたとき

× そこをなんとか……。

断った相手が困っているとき、こう言うと相手を追い詰めてしまう。このようなゴリ押しは、相手を追いつめる。

× 仕方ありませんね。

このフレーズでは、「頼んだ私が断ったあなたを許してあげる」と相手に感じさせてしまう。

△ どうしてですか？

場合によっては、こう言って相手に理由を話させるほうが、しこりが残らないことも。

○ また次のときに、よろしくお願いします。

優しく伝える。相手に断らせてしまって申し訳ありませんの意味で使う気づかいの言葉。「これからもおたがい助け合える関係でいられるようにしましょう」のニュアンス。

○ なるほど、○○さまのおっしゃることはその通りだと思います。しかし、△△のような方法もあるのではと考えます。

優しく伝える。断られた点をどうすれば克服できるか検討できたら、このフレーズで相手に提案する。

○ 無理を承知でお願いしたことですから、どうかお気になさらないでください。

相手を気づかう大人のフレーズ。

○ また行きましょう。

断った側を気づかう言葉で結べば、相手との関係を大事にできる。「また次の機会もあると思います」も同様。断った相手の心の負担を軽くさせられるフレーズ。

アドバイス

断られても、次につなげるあいさつで応《こた》える

相手に断られたら、「また次回、よろしくお願いいたします」「今回は残念な結果になりましたが、また別の企画ができたら、提案させていただければと思います」と、次につなげるあいさつをしましょう。

あくまでもその案件を断られたと考え、（相手の真意は違ったとしても）今後への期待を述べること。

相手に断られたとき、何が言えるかで、あなたの仕事能力が測られます。「今後につなげる」ことを必ず頭の中に入れておいてください。誘いを断られたときも、「では、また次回！」と応用できます。

74 同僚・上司の悪口をかわす

✕ えー、そうなんですか！

誰かへの悪口をかわすには、こんなふうに興味を示さない。

✕ ○○さんも、言ってたんですけど。

話を発展させないのが、大人の話し方。「○○さんもＡ社の××さんはルーズだって言ってました」と返すと、あなたがあとで非難されることに。

✕ 私も前から思っていました。

このように同意すると、話が広がってしまうので注意。

✕ そうなんですよね。

火に油を注ぐことになる危険なフレーズ。同意したと思われ、共犯者にされることがあるので注意。

◯ 気づきませんでした。／知りませんでした。

噂話には、どっちつかずの態度をとるのが正解。「気づきませんでした」と言えば、噂話に染まらずに済む。いやな噂話は、否定も肯定もせず、乗り切りたい。

◯ そうでしたか……。

同意ではなく、ただ聞いただけというスタンスを伝えられる。

◯でも、こういういいところもあるよね。

自分が悪く思っていない人の悪口なら、聞いたあと、こうフォローする方法もある。「でも、○○さんは仕事がていねいだから、書類作成をお願いすると安心だよね」などと、自分の思うその人のいいところを具体的に話す。

◯私はあまり感じなかったけどな……。

悪口を持ちかけてきた相手に、やんわりと反論したいときに。「けどな……」でソフトな反論になる。

◯そういえば……。

「そういえば、例の打ち合わせの件ですが」のように、話題を変えて悪口をかわす方法もある。

同意のあいづちは避けて、噂話をかわそう

　あいづちを打っても、同意しない、話を広げない、興味を示さないというのが鉄則。よって「そうなの？」「いつから？」「知らなかった！　どういうこと？」「私も知ってた」というフレーズはNG。

　職場は、人の噂や悪口が耳に入りやすい場所。だからそれらをかわす術を身につけたいものです。それには「そうなんだ……」とだけ言って話を変えたり、聞かなかったことにして、その場を立ち去るのがベター。「そうなんだ……」は、相手の話を受け取るだけのあいづちなので、こういうときに使いたいものです。

75 ピント外れな提案をかわす

× そうではなく……。

話している相手の言葉をさえぎったり、「そうではなく」と指摘したりするのは、大人げない。相手の話を最後まで聞いてから、「その場合は」と、やんわりかわしたい。

○ そういえば、あの件ですが。

こう言えば、あなたが話題を変えようとしていることが、相手に伝わる。

○ ごめんなさい。次の話に進めてもいいですか？

さりげなく話題を移したいときに、さらっと口にしたいフレーズ。

○ この件は、またいつかということで。

大人っぽくスマートに切り出すフレーズ。さりげなさを装い、言葉を区切らず一気に次の話に持っていくのが話し方のコツ。

○ ○○ということですね。ところで……。

相手の言葉を繰り返しながら、話を元に戻す方法。話がそれたことを指摘せずに、話をかわせる。

○ とてもよい時間でした。ありがとうございました。

時間がないときは、このように感謝の言葉で締める方法も。ゆったりとした口調とおだやかな表情で言うのがポイント。

○ 話を少し戻しますが……。

あえて率直に言うことで、話をスマートに進められる。「少し」を添えることで、相手を気づかえる。

○ 今のお話の△△の部分ですが……。

相手の提案の中の一部分を取り上げて自分の話に持っていく上級テクニック。「今のお話のA案の件ですが、私はこのように考えております」のように使う。

提案にじっくり耳を傾けてからかわす

話をかわすときは「場面によってはとても有効なアイデアですね」のように、“場面によっては”“とても有効なアイデア”と入れることで、相手は不快な気分になりません。

提案を最後まで聞いてから3秒ほど間をとり、「なるほど……」と受け止めてから、「Aさんのご提案をお聞きしたうえで、○○の件ですが」と、本題に話を向けます。“Aさんのご提案をお聞きしたうえで”で、提案に耳をかたむけたことを相手に伝えられるため、さらりとかわしながらも失礼がありません。

76 休暇をもらうとき・休み明け

× 具合が悪いので、今日、休みます。

どう具合が悪いのかや、仕事で迷惑がないかまで伝える。

休み明け

× 休み明けで、今朝の出社はつらかったです。

本音を言いすぎである。「昨日はありがとうございました。おかげさまで元気になりました」と、感謝を伝える。

△ 昨日はすみませんでした。

感謝を十分に伝えきれていない。「お休みをいただきまして、ありがとうございました」「風邪で休みをいただき、ご迷惑をおかけしました」と、感謝を伝えると好印象に。

○ お休みをいただきたいのです。その日はとくに大事な予定はありません。

休暇で周りにかける負担を最小限にとどめる努力をする。そんな思いを添えてお願いするのがマナー。

○ 来月の○日、休暇をとりたいのですが、よろしいでしょうか？

周囲に迷惑がかからないように、という配慮をする。そのため、おうかがいを立てるスタイルで切り出したい。

○ 仕事に支障が出ないよう調整いたしますので、よろしくお願いいたします。

「○○社の件で問い合わせがあれば、携帯にご連絡いただければ対応します。ご迷惑をおかけいたします」も同様。想定できる仕事上のことは、対処法を必ず伝えるのがルール。

○ 申し訳ございません。熱が38度ほどあるので、本日、お休みをいただけないでしょうか。

具合が悪いときは、症状を具体的に伝える。休むことで多くの人に迷惑をかけることになるため。

あくまでも“おうかがい”という姿勢を崩さずに

　予定を決めたら、早めに上司におうかがいを立てること。休みたい時期が目前まで迫っていては、休暇をもらいにくくなります。「申し訳ございませんが、○日から○日までお休みをいただきたいのですが、よろしいでしょうか？」と、“申し訳ございません”で切り出し、“よろしいでしょうか？”で結んで、あくまでもおうかがいという姿勢を示します。

　さらに「その期間は、会議等の予定は入っていません」と、仕事での迷惑を考慮したうえでの日程だということを伝えます。

仕事を切り上げる

77

残業を断る

✕ 今日は無理です。

これだけでは説明不足。しかも、「無理」という言葉が強い否定ニュアンスを感じさせる。「今日は、前からの予定があり、残業ができません」と、きちんと伝える。

✕ 昨日なら用事がなかったのですが。

「仕事への意識が低い」と上司をがっかりさせるだけ。言い訳は、イメージダウンにつながるので気をつけて。

直帰を願い出る

✕ 今日はこのまま直帰でもいいですか？

「本日はこのまま失礼させていただいてもよろしいでしょうか」と言いたい。直帰していいかどうかの判断は、上司に仰ぐのがマナー。

「今、○○社との打ち合わせが終わりました。本日はこのまま直帰させていただきたいのですが、よろしいでしょうか。連絡事項などはありますでしょうか？」ならベスト。

◯ 今日は大事な予定があるので、お先に失礼したいのですが。

やむを得ない事情がある場合は通常、その理由を話して残業を断る。理由を話さない場合は、上記のようなフレーズを使う。

○ 明日でよければ、させてください。

その日はできない事情を説明したあと、代わりにできそうなことを提案すれば、好感度が上がる。

○ 7時までで、できることをさせてください。

帰りたい時間までで、できることを申し出て断る。

○ 何かお手伝いできることはございませんか？

自分のペースで仕事を管理できるようになるまでは、周囲にこのフレーズを言ってから仕事を切り上げたい。

残って仕事をしている人に敬意を払う

基本は「お先に失礼します」「お先に失礼させていただきます」と、残って仕事をしている人に敬意を払います。

その際、上司や先輩よりも先に帰ることに対して恐縮しているなら、「申し訳ございませんが、お先に失礼させていただきます」で思いを伝えます。

また、退社を切り出しにくいときは、「そろそろお先に失礼させていただきます」と「そろそろ」をつけます。

そして「お先に失礼させていただきます。明日もよろしくお願いいたします」のように明日に向けての意欲を伝えると、印象がよくなります。

COLUMN 気をつけたい若者言葉②

ヤバい→悪い状況を表す造語。肯定的な意味でも使われる

✕ 今期の営業成績はヤバい。

ゲットする→「取得した」「捕らえる」の造語

✕ 皆勤賞をゲットした。

やっぱ→「やはり」の略語

✕ やっぱ、無理でしょうか。

キモい→「気持ちが悪い」の略語

✕ あの人、キモいですよね。

ドタキャン→「土壇場＋キャンセル」の造語

✕ ○○社との約束がドタキャンされました。

うざい→「うざったい」「うっとうしい」の略語

✕ ○○社の△△さんってうざいですよね。

ありえない→「あるはずがない」の転用。賞賛の意味で使われる

✕ ありえないデキですね。

マジ→「真面目に」の略語。「本当」「本気」の意味で使われる

✕ 明日、休日出勤ってマジですか？

ビビる→「おじけづく」「びっくりする」の意味で使われる

✕ 課長に怒られてビビりました。

キレる→怒った表現に使う造語

✕ ○○さんの仕事ぶりにキレちゃいました。

普通に→「率直に言って」「正直に言って」の意味で使われる

✕ 普通においしかったです。

パニクる→「パニックになる」の略語

✕ 企画書提出の期限が迫って、パニクりました。

超○○→「非常に」「とても」の意味で使われる

✕ ○○さんとの食事会、超楽しみ！

第3章

ビジネスメール
にはこのコトバ

78 よく使うフレーズ

✕ こんにちは。

迷惑メールやプライベートメールのようなのでNG。ご無沙汰している相手になら、「こんにちは。ご無沙汰しております」とする。

✕ 大丈夫そうです。

あいまいな言葉は相手を不安にさせるので、確証の中身を添える。「大丈夫だと思います。上司がそう申しておりました」「社内で検討したので、大丈夫だと思います」というように使う。

✕ こちらからメールします。

これでは、「いつ連絡がくるのか？」「自分から再度連絡しては迷惑なのか？」など、相手がいくつかの疑問を持ってしまう。そうならないよう、「こちらから○日（水）に改めてメールします」と情報開示する。

△ 了解です。

実は伝わらないおそれのあるフレーズ。「了解です」の中身を具体的にして使いたい。

「了解です。○日（金）の17時までにご連絡いたします」。こう書けば、ワンランク上のメール文になる。

△ 風邪が流《は》行《や》っているようです。どうかお気をつけて。

結論を急いでいる場合は、季節のあいさつで始めると間延びする。ただし、メールのまとめに困ったとき、季節のあいさつで結べば、格好がつく。

◯ いつもお世話になっております。

誰からも好感をもたれるあいさつは、感謝のあいさつ。「このたびは、お問い合わせいただきまして、ありがとうございます」「昨日はありがとうございました」など、出だしは感謝の言葉で。

◯ 本メールへの返信は不要です。

相手に心づかいを示して結ぶのも、大人の常識。

結びはメールした目的を書いて終わらせる

一通のメールを書くのに時間がかかる人が多いのが現実。なかでも多くの人が頭を悩せるのが、結びの言葉のようです。

ここでは、そのコツをひとつ紹介します。結びには、「以上、ご連絡まで」「メールにてご報告申し上げます」のように、メールを書いた目的を書くようにします。報告なのか、連絡なのか、返事なのかを書くのです。

さらにメールの目的が二つなら、「取り急ぎ、ご返事とお願いまで」と書いてメールを結びます。

返事をもらいたい

79

✕ ご連絡いただければと存じます。

至急のメールでは、相手に対して「いつまでに、どうしてしてほしいか」を明確にし、相手のアクションをうながす。「10日（木）の17時までにメールでご返事いただければと存じます」のように、日時を数字で伝えるのが必須。

✕ なるべく早くご返事いただければと存じます。

相手の「なるべく早く」と自分の「なるべく早く」の見解の違いが生じないように、「なるべく早く」のようなあいまいな書き方はしない。「明日、11日（金）の午前中までに」とする。

✕ 折り返し、ご連絡ください。

急ぎのメールは言葉足らずや、命令調になりがち。そんなきつい印象をやわらげるために、「折り返し、ご連絡いただければ幸いです」と、語尾ではていねいさを心がけたい。

○（件名）数量変更20→30でお願いします／（件名）数量変更の依頼（○○社／杉山）

件名のスペースに用件を書き、至急の連絡であることをスピーディに伝える方法もある。

◯ 変更がある場合は、本日16時までにお願いいたします。

メールでの依頼は一方的なので、最初に「お忙しいところ、本当に申し訳ございません」と気づかいの言葉を添える。そして期限がある場合は、その旨を必ず明記する。その際、期限に多少のゆとりを持たせるのがマナー。

◯ ご一読いただき、こちらのアドレスまで本日中にご返事いただけると幸いです。

どういう手段で、いつまでに返事をほしいかを明確にするのが、デキる人のマナー。

至急のお願いは電話を併用する

すぐに返事をもらいたければ、メールと電話の両方で、相手にお願いする方法があります。

メールは、相手がいつ読むかわからないというデメリットがあるからです。たとえ「至急ご返事をいただけますか？」と書いても、相手がそのメールを読んでいなければ意味がありません。

メールは便利なツールですが、至急のお願いや大事な用件など、相手に確実に伝えたいときは、電話を併用しましょう。

すぐに返信できない

80

△ 今、メール、NGです。

これだけだと、誤解を招くことも。「今、移動中のため」「このあと、外出予定があるため」と、NGな状況を説明する。さらに、「このあとすぐ打ち合わせのため、メールを差し上げることができません。申し訳ございません」のように、お詫びのフレーズも添える。

◯ 今、電車の中なので、30分後にお電話させていただきます。

すぐに返信できない状況と見通しを伝えることで、相手を安心させられる。

◯ 行かれます！

あなたがとても忙しく、でも相手は素早い返信を求めているときの妥協点……。それは一刻も早い返信。結論をひと言だけで送るときは、「！」を使って感情を伝える工夫を。「OKです！」「了解です！」も同様。

◯ 今日のところは、商品名だけご連絡させていただきます。価格については……。

相手からの問い合わせ内容のすべてが明確になってから返信するより、わかっている点だけを先に返信する方法もある。

◯ 社内会議で検討させていただきたいので、○日（火）の17時までお時間をいただけたらと思います。

すぐに返事できない理由、いつまでに返事できるかの2点を伝える。

◯ メール、ありがとうございます。早速、予定変更できるかどうかを検討し、○日（月）中にメールさせていただきます。

メールを受け取ったものの、中身の検討が必要なときは、答えが固まってから返信する旨を伝える。

返信できない自分の状況を詳しく伝える

　すぐに返信できない旨を相手に伝える際は、自分の状況と、いつなら返信できるかをあわせて伝えるようにします。

「これから営業に出なくてはなりません。17時過ぎにお電話させていただきます。申し訳ございません」「今、電車で移動中です。30分後に改めてメールさせていただきます。ご迷惑をおかけいたします」というようなフレーズならベストです。

　それに対して相手の返事がノーなら、「こうしてほしい」という相手の要望を聞いて、対応します。

返信を催促する 81

× ご返事をいただけないのは、どうしてでしょうか。

返信を求めるメールは、相手を追いつめるのが目的ではなく、相手の対応を求めること。「取引先への返事の期限が迫っております」のように「困惑している」旨を伝え、相手の返信を求める。

× 今回のお話は白紙と考えてよろしいのでしょうか。

あまりに一方的すぎるメールはNG。

△ いまだにご返事をいただけておりません。

「本日○月○日に至りましても、ご返事をいただけておりません」と日付を加えることで、本来の期日から経過していることを伝える。

○ ご多忙のためと推察いたしますが……。

このように、相手を思いやる気持ちを伝える言葉を添えたい。ほかに「何かの手違いかとは存じますが」「ご事情がおありかと存じますが」も同様。相手の状況に思いを寄せながらも、返信を求めなくてはならない事情を伝える。

◯いかがなりましたでしょうか。

「いかが」を使えば、相手の状況をソフトにたずねられる。「その後、いかがでしょうか」「いかがされたものかと案じております」も同様のフレーズ。

◯至急、○○の件でご連絡をお願いいたします。

速やかな対応を相手にうながしたいときに使う。何の件に対しての返信の催促なのかを明確に伝えることで、相手の速やかな対応に結びつくこともある。「至急、ご出欠のご連絡をお願いいたします」のように使う。このフレーズに「できれば○日（水）までに」と期日を添えるとよい。

ほしい答えを導くような内容に

返信を求めるときは、「返信を求める理由」「いつまでに（日時）・どういう内容で・どういう形で応《こた》えてほしいか」を明確に書きます。

「取引先に返事をしたいから」「○○日までに」「すべて確定していなくても、現時点で決まっている点はあるか」「メールでか、電話でか」など、あなたのほしい答えを、相手が具体的にイメージできるように書きましょう。

それに「恐れ入りますが」「お手数ですが」「恐縮ですが」といったフレーズを添え、相手への気づかいを伝えます。

82 案内・連絡をする

案内

×　○○のご案内を申し上げます。ご参加、お待ちしております。

案内するときは、必ず締め切りを書く。締め切りのない案内は、実現性が少ないうえ、案内の本気度が相手に伝わらない。

○　○○さまのご参加を心よりお待ちしております。

相手に参加を求めたいことが伝わるように、参加をうながすフレーズを書く。

○　○○さまのご興味のある△△△△の展示がございます。よろしければぜひ、いらしてください。

相手が興味を持つように書くのが、成功する案内メールのコツ。

連絡

○　取り急ぎ、お願いまで。

連絡する内容の重さや文章量に合わせた結びを書く。簡単な連絡事項なら、「取り急ぎ○○まで」といった簡単な結びにする。

ていねいにしたいなら、「メールにて恐縮ですが、取り急ぎごあいさつまで」「メールにて恐縮ですが、取り急ぎお願い申し上げます」など。

○ よろしくご査収ください。

連絡メールがキマる定番フレーズ。「お目通しいただければ幸いです」「ご確認のほど、よろしくお願いいたします」も同様。

○ ご依頼の○○のデータを△△ファイルにて、お送りいたします。

連絡メールは、わかっている事実（ここでは○○のデータ）を具体的に示す。

○ このたびはお問い合わせいただき、ありがとうございます。

連絡事項の前に、感謝の言葉を入れるとスムーズに用件に入れる。

相手にとってどんなメリットがあるかを知らせる

案内・連絡で大事なのは内容の漏れがないこと。箇条書きを使いながら、ポイントが相手にわかるように、しかも見やすく書くことが大切です。

書き方のコツとしては、案内された側にとってどんなメリットがあるかを書くこと。たとえば展示会の案内なら、訪れることでどんなメリットが相手にあるかを知らせます。「当日は、新商品のサンプルを200点ほどご用意しております。また、店頭ではご覧いただけない特別商品もご紹介いたします」というように、メリットを強調しましょう。

83 仕事の催促・督促をする

✕ 至急、ご連絡いただけますか。

書き言葉はきつい印象を与えるので、「お忙しいところ恐れ入りますが」のような気づかいの言葉を必ず添える。

◯ 実は○月○日(月)に、取引先に持参することになっているため、お問い合わせさせていただきました。

催促することへの申し訳なさを減らすために、催促のタイミングを知っておきたい。①約束の期限が過ぎたとき、②送信してから3日以上が過ぎたとき。この二つのタイミングで、催促のメールを出す。

◯ ○○の件ですが、その後どのようになっておりますでしょうか。

進捗状況をたずねながら催促するスタイル。

◯ お忙しい中、お手数をおかけいたしますが、早急に○○いただければと存じます。

前半は相手への気づかい、後半は急いでほしい旨を伝える。仕事の期日を守らない相手に対しても、ソフトな言い回しを心がけるのがマナー。メールは語尾をソフトにしないと、きつく伝わりすぎてしまうため「早急に○○ください」ではNG。

◯ ご多忙のことと存じますが、○日（金）の正午までにご返事をいただければと存じます。

相手への気づかいを伝えながらも、内容は端的・明確にする。

◯ このメールをご覧になったら、ご返事をいただけると助かります。

催促が一方通行にならないよう、相手に返信を求めるメールをする。

◯ お約束の○日（水）を過ぎましたが、まだ△△をいただいておりません。

催促に至った経緯や理由を書くことで「書きにくいのですが」という催促する側の苦しい思いをさり気なく伝える。

具体的な要望を含めて言い回しは婉曲に

現状や事実を伝えて催促するのがコツです。「まだでしょうか」のようにストレートに催促するのは避け、言い回しは婉曲にします。

「お約束の○日（月）を過ぎましたが、納品の確認ができておりません。至急お調べのうえ……」と、現状を伝えてから、「本日中に遅延のご事情と納品の予定日をお知らせくださいますようお願い申し上げます」と、こちらの要望を結びに書きます。「まだ届いておりません。お調べください」では催促メールの意味がありません。要望は具体的に。

問い合わせる

×○○について、至急教えてください。

期限にゆとりを持つのが、教えてもらう側のマナー。急な期限を切らなくてはならない場合は、「突然で申し訳ございませんが」「急なお願いで恐縮ですが」と、フォローを添える。

○企画の参考にさせていただきたく、ご連絡申し上げました。

照会理由を伝えれば、相手の返信をうながせる。

○追加注文をお願いしたいのですが、商品○○の在庫はございますか。

知りたいことを、相手に正確に伝えるのが照会メール。そのために箇条書きを使って問い合わせ内容を整理して伝えると、わかりやすくなり、返信を得やすくなる。

○お忙しいところ恐縮ですが……。

こちらのお願いで相手の手間を取らせることになるので、そのことへの気づかいを書く。

○恐縮ですが、折り返しご返事をいただきたくお願い申し上げます。

問い合わせは結びが大事。問い合わせたら必ず、相手に求めるリアクションを明記する。

○できれば○月○日までにご返事をいただけると助かります。

期限のある照会なら、「○月○日までに」と明記する。期限を設けることに恐縮している旨を、「できれば」「助かります」「可能なら」を添えて伝える。

○教えていただいた件は、おかげさまで現在ここまで進んでおります。

メールでも事後報告を忘れずに。教えを請うたら、事後報告はセットとして覚えておきたい。

問い合わせは自己紹介→照会する経緯・理由の順

はじめての相手に問い合わせるときは、自己紹介をして、相手の警戒心を解くこと。問い合わせはそこから始まります。そして端的に、照会する経緯・理由を書きます。

「現在、市場シェアの高い貴社品Aを当社でも扱わせていただきたく、ご連絡させていただきました」に続けて、問い合わせたい内容（価格、支払い方法、仕入れたい個数等）を箇条書きで整理して書きましょう。

結びは、「問い合わせに返信をいただきたい」とお願いの形にして誠意を伝えます。

約束ごとをする　85

日時 ✕ **○日（月）の打ち合わせですが、何時ごろがよろしいですか。**

無駄なやりとりが増えないよう、ある程度、条件を絞り込んだメールを書く。「○日（月）の打ち合わせですが、13時以降でご希望の時間はありますか」なら相手も返信しやすい。

✕ **○○さまは、今月ならいつがご都合よさそうですか。**

相手を迷わせないよう、自分の条件をスマートに伝える。「私は木曜日以外なら、OKです」などの一文を付け加えたい。

場所 ✕ **会場ですが、どこかお心当たりはございませんか。**

相手に気をつかったつもりでも、任せすぎると、逆に相手に負担をかける。「会場ですが、前回使った○○ホテルを考えていますが、いかがでしょうか。ほかにご希望があればぜひ、ご指示ください」がベスト。

内容 ✕ **当日、いろいろとよろしくお願いします。**

約束ごとのメールでは、「いろいろと」と中身をぼやかさずに、「当日、△△について決めたいと思いますので、よろしくお願いいたします」と、必要な事柄は明確にする。

◯ 当日、○○と△△について ご意見をうかがいたいと思います。よろしくお願いいたします

事前準備が必要な場合は、その旨を伝えておくのがマナー。

日時

◯ たとえば、○日（金）～○日（水）あたりのご都合は、いかがでしょうか。

条件をある程度せばめて問いかけると、約束がまとまりやすい。「今月の半ばあたりで……」など、あいまいな条件を示すより、「○日（月）～○日（金）あたり」のように条件をせばめる。

やりとりをなるべく少なくする心づかいを

　相手も忙しいはずなので、やりとりはできるだけ少なく済むよう気をつけてください。「いつ頃がよろしいですか」「何時頃にしましょうか」と、ひとつひとつ相手にたずねず、「来週でしたら、何日がご希望ですか。また、時間のご希望もあわせてお知らせください」のように範囲をせばめて聞くのがポイントです。

　また、送信しただけでは約束が決まったことにはなりません。送信メールに「○日までにご返事いただけるとありがたいです」と期日を書いておきましょう。

APPENDIX

間違い敬語

➔ 二重敬語

✕ お客さまがおみえになられました。

○ お客さまがみえました。

✕ 主任はそうおっしゃられましたが……。

○ 主任はそうおっしゃいましたが……。

「お・ご」「れる・られる」を過剰に使って二重敬語にすると、くどく聞こえるので注意。

➔ 過剰敬語

△ 弊社の新商品を発表させていただきます。

○ 弊社の新商品を発表いたします。

「～させていただく」は本来、相手の許可を得る場合に限って使う表現なので、許可が必要ないときに使うと過剰な敬語表現になってしまう。そんな場合は、「～いたす」を使う。

➔ さ入れ言葉

✕ 明日から１週間、休まさせていただきます。

○ 明日から１週間、休ませていただきます。

「書かさせていただく」「やらさせていただく」などの「さ入れ言葉」は、一見ていねいな表現に思えるが、敬語ではないので間違い。「せる・させる」は使役の表現。

➔ お（ご）～になる／お（ご）～する

✕ このバスにはご乗車できません。

○ このバスにはご乗車になれません。

尊敬語の場合は「お（ご）～になる」、謙譲語の場合は「お（ご）～する」と覚えておくと便利。

「ご乗車できる」は尊敬語「ご乗車する」を可能の形にしたもの。乗車するのはお客様なのでここでは尊敬語を使う。「ご乗車になる」が正しい。

× お求めやすい品です。

○ お求めになりやすい品です。

品を求めるのは相手なので尊敬語を使う。「求める」の尊敬語は「お求めになる」。

➔ 形容詞の敬語

× いただいたコーヒーがとてもおいしいです。

○ いただいたコーヒーがとてもおいしゅうございます。

見慣れたフレーズだが、形容詞を敬語にするときは「ございます」をつけるのが正しい。「暑い」だと「お暑うございます」、「美しい」は「美しゅうございます」。

➔ ビジネスでの間違い敬語

× お電話番号をいただけますか？

○ お電話番号を教えていただけますか？

電話番号はもらうものではないので、「教えてもらう」とするのが正しい。「教えてもらう」のは自分なので謙譲語を使う。謙譲語にすると「教えていただく」。

× お名前を頂戴できますか？

○ お名前をうかがってもよろしいですか？

○ お名刺を頂戴できますか？

名前はもらうものではない。この場合、名刺ならOK。「もらう」の謙譲語は「頂戴する／いただく」。名前は「聞く」の謙譲語の「うかがう」を使う。

→ **バイト敬語**

× こちらのメニューでよろしかったでしょうか？

○ こちらのメニューでよろしいでしょうか？

よく聞く表現だが、「よろしかった」だと過去形。今聞いているのだから現在形が正しい。

× アイスコーヒーになります。

○ アイスコーヒーをお持ちしました。

「～になります」は何かから何かになるという意味なので、ここでは不適当。

言葉そのものが変わる特別な敬語

→ **会う**

尊敬 **× ○○さまにはお目にかかりましたか？**

○ ○○さまにはお会いになりましたか？

謙譲 **○ 明日、××社の○○さんと渋谷駅でお目にかかります。**

○○さんに会うのが会話の相手のときは、尊敬語を使う。「会う」の尊敬語は「お会いになる／会われる」。謙譲語は「お目にかかる／お会いする／拝謁する」。

→ **与える**

尊敬 **× ○○主任が仕事に役立つアドバイスを進呈してくれた。**

○ ○○主任が仕事に役立つアドバイスをくださった。

謙譲 **○ 明日、こちらからお電話を差し上げます。**

与えるのが目上の人であれば尊敬語「くださる」を使う。「進呈する／差し上げる／贈呈する」は謙譲語。

→ **言う・話す**

尊敬 **× 部長は午後５時に戻ると申し上げていました。**

○ 部長は午後５時に戻るとおっしゃいました。

謙譲 ✕（取引先で）弊社の部長がおっしゃったとおり……。
○（取引先で）弊社の部長が申し上げたとおり……。
主語が部長の場合は、尊敬語の「おっしゃる」を使う。ただし、自分の身内について話すときは丁重語の「申す」を使うのが正解。

→ 行く

尊敬 ✕ 先生が学校にうかがわれる。
✕ 先生が学校に行かれます。
○ 先生が学校においでになります。

謙譲 ○ 私が先生のご自宅にうかがいます。
「行く」の尊敬語は「いらっしゃる／おいでになる／お越しになる」、謙譲語は「うかがう」。

→ いる

尊敬 ✕ ○○社の社長はこちらにおられます。
○ ○○社の社長はこちらにいらっしゃいます。

謙譲 ○ その時間には社長室におります。
「いる」の尊敬語は「おいでになる／いらっしゃる」。謙譲語は「おる」。

→ 借りる

謙譲 ✕ ○○さんのお車をお借りします。
○ ○○さんのお車を拝借します。
「借りる」の謙譲語は「拝借する」。よく使うフレーズで「ちょっと拝借！」は謙譲表現ではあるが、目上の人に使うには軽すぎるので要注意。

➔ 聞く

尊敬 ✕ あのコンペの結果はうかがいましたか？

◯ あのコンペの結果はお聞きになりましたか？

謙譲 ◯ お噂はかねがねうかがっております。

◯ その件は〇〇から承っております。

結果を聞くのが相手の場合、尊敬語「お聞きになる」が正しい。謙譲語なら「承る／うかがう／お聞きする」など。「承る」は「うかがう」よりさらに謙譲の度合いが強い。

➔ 気に入る

尊敬 ✕ あの企画、気に入られましたか？

◯ あの企画、お気に召しましたでしょうか？

「気に入る」の尊敬語は「お気に召す」。

➔ 着る

尊敬 ✕ 〇〇さんが着られていたワンピース、素敵ですね。

◯ 〇〇さんがお召しになっていたワンピース、素敵ですね。

「着る」「履く」「羽織る」など、衣類を身に着ける言葉の尊敬語は「お召しになる・召す」。

➔ 来る

尊敬 ✕ 課長は本日何時ごろに参りますか？

✕ 課長は本日何時ごろに来られますか？

◯ 課長は本日何時ごろにいらっしゃいますか？

謙譲 ◯ 今日は車で参上いたしました。

課長の来る時間なので、尊敬語「いらっしゃる」「お越しになる」を使うのが正解。謙譲語は「参上する」。

→ 知らせる

謙譲 ✕ 少々お知らせしたいことがございます。
〇 少々お耳に入れておきたいことがございます。
「内密に聞いてもらう」という意味の謙譲語。

→ 知る

尊敬 ✕ 存じ上げていらっしゃったら、お電話いただけますか。
〇 ご存じでしたら、お電話いただけますか。

謙譲 ✕ ○○係長のことは、よくご存じです。
〇 ○○係長のことは、よく存じ上げています。
「存じ上げる」は謙譲語。知っているのが相手の場合、尊敬語の「ご存じ」を使う。

→ 推察する

謙譲 〇 ご心中、拝察いたします。
手紙などでよく用いられる謙譲表現。

→ する

尊敬 ✕ お魚とお肉、どちらにいたしますか？
〇 お魚とお肉、どちらになさいますか？

謙譲 〇 明後日、またご連絡いたします。
「いたす」は「する」の謙譲語。魚か肉かを決めるのは相手なので、「する」の尊敬語「なさる」が正解。謙譲語（丁重語）は「いたす／させていただく」。

→ たずねる

尊敬 ✕ あちらの受付でうかがってください。
〇 あちらの受付でおたずねになってください。

謙譲 ○ みなさんの出欠をうかがいたいのですが。

あちらの受付でたずねるのは相手の行為なので、尊敬語の「おたずねになる」を使う。謙譲語は「うかがう」。

→ 訪ねる

謙譲 ✕ 部長のお宅へお訪ねさせていただきます。

○ 部長のお宅へ上がらせていただきます。

「訪ねる」の謙譲語は「お・ご～に上がる」の形で、よく使われる。

→ 食べる・飲む

尊敬 ✕ ご家族のみなさまでケーキをいただいてください。

✕ ご家族のみなさまでケーキを食べられてください。

○ ご家族のみなさまでケーキを召し上がってください。

謙譲 ○ 得意先でケーキをいただきました。

「食べる」の尊敬語は「召し上がる」。食べるのは“みなさま”なので尊敬語を使う。謙譲語は「いただく／頂戴する」。

→ 引き受ける

謙譲 ✕ ご注文を、確かにお引き受けしました。

○ ご注文を、確かに承りました。

引き受けるのは自分なので、謙譲語の「承る」を使う。

→ 見せる

謙譲 ✕ プレゼンで、新しい商品をお見せします。

○ プレゼンで、新しい商品をお目にかけます。

○ プレゼンで、新しい商品をご覧いただきます。

見せるのは自分なので、謙譲語の「お目にかける／ご覧いただく／ご覧に入れる」を使う。

→ 見る

尊敬 ✕ 先週お渡しした参考資料は拝見されましたか？
○ 先週お渡しした参考資料はご覧になりましたか？

謙譲 ✕ ○○さんを拝見しました。
○ ご提案の企画書を拝見します。

資料を見るのが相手のとき、尊敬語の「ご覧になる」を使う。「拝見する」は謙譲語。「拝見する」は、物に対してだけで、人に対しては使わない。

→ もらう

尊敬 ✕ 週末に荷物をいただいたらご連絡ください。
○ 週末に荷物をお受け取りになったらご連絡ください。

謙譲 ○ けっこうなお品を頂戴しました。
○ ○○さまに記念の品を賜った。

荷物をもらうのは相手なので、尊敬語を使う。「もらう」の尊敬語は「お受け取りになる／ご査収／お納めになる」など。謙譲語は「頂戴する／いただく」。「賜る」はさらに改まった謙譲語。

→ 読む

尊敬 ✕ ご拝読いただき、ありがとうございます。
○ ご覧いただき、ありがとうございます。

謙譲 ○ 先生からのお手紙、拝読いたしました。

「拝読」は「読む」の謙譲語。尊敬語は「ご覧になる」。

主語が相手の場合は尊敬語、自分の場合は謙譲語を使うと覚えておくと便利です。

●著者

杉山美奈子（すぎやま みなこ）

コミュニケーション・インストラクター。山梨学院短期大学非常勤講師。37万部を超える大ベストセラー『暮らしの絵本 話し方のマナーとコツ』（学研）の監修のほか『初対面で好かれる話し方のコツ』（アスペクト）、『ビジネスメールの作法と新常識 会社では教えてくれない気くばりメール術』（アスキー・メディアワークス）など、話し方やメールに関する著書多数。

できる大人のモノの言い方・話し方

著　者　杉山美奈子
発行者　髙橋秀雄
編集者　原田幸雄
発行所　**高橋書店**
〒112-0013　東京都文京区音羽1-26-1
編集 TEL 03-3943-4529 / FAX 03-3943-4047
販売 TEL 03-3943-4525 / FAX 03-3943-6591
振替 00110-0-350650
http://www.takahashishoten.co.jp/

ISBN978-4-471-19123-8

※本書についての問合せ
土日・祝日・年末年始を除く平日9：00～17：30にお願いいたします。
内容・不良品／☎03-3943-4529（編集部）
在庫・ご注文／☎03-3943-4525（販売部）